新视野·文化遗产保护论丛

文化遗产保护人才培养

单霁翔 著

天津大学出版社
TIANJIN UNIVERSITY PRESS

图书在版编目（CIP）数据

文化遗产保护人才培养 / 单霁翔著 .—天津：天津大学出版社，2017.1（2024. 5 重印）
（新视野 · 文化遗产保护论丛 . 第二辑）
ISBN 978-7-5618-5773-1

Ⅰ . ①文… Ⅱ . ①单… Ⅲ . ①文化遗产—保护—人才培养—研究—中国 Ⅳ . ① G122

中国版本图书馆 CIP 数据核字（2017）第 035686 号

策划编辑 金　磊　韩振平
责任编辑 张明硕
装帧设计 谷英卉

出版发行 天津大学出版社
地　　址 天津市卫津路 92 号天津大学内（邮编：300072）
电　　话 发行部：022-27403647
网　　址 publish.tju.edu.cn
印　　刷 永清县晔盛亚胶印有限公司
经　　销 全国各地新华书店
开　　本 148mm × 210mm
印　　张 7.875
字　　数 234 千
版　　次 2017 年 1 月第 1 版
印　　次 2024 年 5 月第 2 次
定　　价 58.00 元

自序：把工作当学问做 把问题当课题解

“新视野·文化遗产保护论丛”出版在即，出版社嘱我写一个自序。心怀往昔，愿以时间为轴写出自己简短的感言，希望聚焦有启迪意义的文化历程，也希望表达充满真情实感的“乡愁”。

2011年8月25日清晨接到通知，我将要离开工作近10年的国家文物局，到故宫博物院工作。消息突然，没有精神准备。记得当天上午工作日程是在中国文化遗产研究院做专题报告。一路上，10年来的工作情景在脑海中闪过，想到在走向新的岗位之前，应该对以往工作进行回顾，负责任地进行工作交接，于是到会场后便放弃了已经准备好的多媒体演示内容，改为讲述参与中国文化遗产保护的体会，将近两个小时的畅谈，仍感意犹未尽，充满着回望与寻觅的思绪。

如今看来，当年的工作状态可谓“不堪回首”。就在接到通知那天之前的一周内，还经历了“南征北战”的过程：8月18日在吉林长春为市、县政府领导培训班做文化遗产保护报告；8月20日在西藏拉萨参加中国西藏文化论坛；8月21日在四川雅安参加茶马古道保护研讨会；8月23日和24日在福建福州分别参加全国生态博物馆、涉台文物保护总体规划评审，国家水下文化遗产保护中心福建基地启动，三坊七巷社区博物馆揭牌等活动。

一周数省，这就是当年常态化的工作状况。是什么力量支撑着自己一路前行？除了文物人“敢于担当、乐于奉献”的情结外，恐怕最主要的就是“把工作当学问做、把问题当课题解”的工作方法。不断出现的问题、不断凸现的矛盾和不断涌现的挑战，将时间撕裂成一块块“碎片”，甚至一天之内要进行几次“脑筋急转弯”。如果不能针对闪过的想法及时停下来思考、面对发现的问题及时静下来反思，就会陷于疲于应付、不堪重负的境地。城乡建设大规模展开的时期，必然是文化遗产保护最紧迫、最关键的历史阶段。只有“把工作当学问做、把问题当课题解”，才能在复杂的情况下，夯实基础，居安思危，防患未然；在困难的情况下，深思熟虑，心中有数，底气十足；在紧急的情况下，头脑清醒，敢于直面，坚守底线。

“把工作当学问做、把问题当课题解”的工作方法，需要持之以恒，读书、思考、写作、归纳，早已成为每天的必修课。无论是在考察途中的汽车里，还是在往返的飞机上，抑或是在家中的书桌前，以电脑为伴，将考察的感想、调研的体会、阅读的心得及时记录下来。正是因为这一次次的梳理思绪、深化认识，长期下来，居然积攒下上千万字的记录，包括论文、报告、访谈、提案，林林总总，其中既有“一吐为快”的真实感受，也有“深思熟虑”的肺腑之言，还有“临阵磨枪”的即席表达。将它们汇集起来，既是一个时期实践经验的点滴记载，也是一个时代文化遗产事业的综合纪实，还是一个文化遗产保护工作者不息生命的心灵写作。面对这些海量且繁杂的“原生态”记录，早已萌生出按照内容进行分类归纳的愿望。所幸天津大学出版社伸出援手，以“新视野·文化遗产保护论丛”为名，按照不同内容进行分辑分册，涉及文化遗产保护基础建设、文化遗产保护项目实施和文物博物馆事业发展等诸多方面。

一路走来，吴良镛教授的学术思想始终像一座灯塔照亮我前行的方向。“把工作当学问做、把问题当课题解”，源于吴良镛教授所倡导的“融贯的综合研究”理论框架。就是力图从更广阔的视野、更深入的角度，分析和梳理文化遗产之间的内在联系，探索和建立新的文化遗产类型和相应的保护方式，使制约文化遗产事业发展的重点、难点和瓶颈问题不断得以有效解决。实践证明：文化遗产保护、城市文化建设、博物馆发展，在方法上、尺度上、内容上虽然各有不同，但是三者有着共同的研究对象，三位一体进行“融贯的综合研究”，则可以呈现出中国特色文化遗产保护的新视野。

从1984年进入城市规划部门以来已经30余载，从1994年进入文物系统以来也已经20余年，其间有不少令人难忘的回忆。有幸在职业生涯的最后一站，来到故宫博物院，一方面继续享受紧张工作带来的压力和挑战，另一方面得以将几十年来积累的体会应用于具体实践。今天，更为突出的感受是，只有“把工作当学问做、把问题当课题解”，且加强全程管理，才能使每一项工作都与细节管理挂起钩来，把桩桩件件事情都做得细之又细，才能获得持续发展的后劲。

北京时间2014年6月22日15时19分，从卡塔尔首都多哈传来喜讯，在第38届世界遗产委员会会议上，中国大运河被列入《世界遗产名录》。30分钟后，跨国联合申报的“丝绸之路：长安—天山廊道的路网”也顺利通过评审。作为大运河和丝绸之路保护与申报的参与者和见证者，我格外激动和自豪。2015年5月5日，从文化遗产保护现场又传来好消息，世界文化遗产——大足石刻千手观音造像抢救性保护修复工程竣工，看到“前方”传来修复后的美轮美奂的千手观音造像影像，我激动不已。回想2008年“5·12汶川大地震”后的第8天，我们从四川地震重灾区赶到重庆大足，看望已经800岁高龄的千手观音造像，看到早已满目疮痍的文物本体又被地震殃及，当即决定开展抢救保护工作，将其列为石窟类保护的“一号工程”，如今千手观音造像再现“慈祥的微笑”，得以功德圆满。的确，每当昔日的努力成就今日的收获，都是文化遗产保护工作者最幸福的时刻。

2006年6月10日，我们曾以无比喜悦的心情迎来了中国第一个“文化遗产日”。10年的奋争，10年的坚守，10年的耕耘，10年的收获。再过半个多月，我们又将以无限期待的心情，迎来中国第十个“文化遗产日”。谨以“新视野·文化遗产保护论丛”献给这一节日，献给长期以来用智慧和汗水呵护文化遗产的文博同人，祝愿祖国的文化遗产永葆尊严；献给长期以来用真情和热心关注文化遗产的社会民众，祝中华文化遗产事业蓬勃发展。

2015年5月25日

目录

在中国文物博物馆学院（北京大学考古文博学院）发展指导委员会全体会议上的讲话 /009

关于对爱国主义教育基地加大扶持力度的建议案 /012

在国家文物局系统预算培训班上的报告 /014

在国家文物局文博行业高级职称评审会座谈会上的讲话 /021

在文物保护单位保护规划编制培训班上的讲话 /026

在北京大学考古文博学院（中国文物博物馆学院）新教学楼落成典礼上的讲话 /033

在国家文物局部门预算培训班上的讲话 /035

在全国省级文物局局长专业管理干部培训班结业典礼上的讲话 /039

在世界文化遗产地主要负责人培训班上的报告 /041

在全国文物宣传教育工作会议上的报告 /055

在全国省级考古研究所所长专业管理干部培训班结业典礼上的讲话 /073

关于在各级行政学院开设文化遗产保护课程的提案 /077

关于加强少数民族地区文物保护人才培养的提案 /080

在考古工作人员训练班 50 周年纪念座谈会上的讲话 /083

关于在高等院校中增设文化遗产保护专业和课程的提案 /086

关于在基础教育课程中增加文化遗产保护内容的提案 /090

用教育推进文化遗产保护 /093

在“创建和谐机关、争做人民满意公务员”座谈会上的讲话 /098

在国家文物局系统预算编制及管理培训班上的讲话 /108

在考古发掘报告编写工作高级研修班上的讲话 /114

在国家文物局与北京大学联合办学指导委员会全体会议上的讲话 /119

关注文化遗产保护人才培养 /122

在中央党校文化遗产保护专题研讨班开班典礼上的致辞 /134

赴日留学生预备学校 30 年校庆感言 /138

在西藏自治区文物保护工程培训班开班典礼上的致辞 /143

试论读书与写作 /145

在清华大学建筑与城市研究所成立 25 周年纪念座谈会上的致辞 /153

提高文化景观遗产保护能力建设 /155

关于加强公众考古教育的建议 /172

在“第二届全国青少年文化遗产知识大赛（大学组）”颁奖仪式上的讲话 /175

在全国文博干部教育培训工作座谈会上的报告 /177

在与西北大学校领导座谈时的谈话 /194

在全国文物与博物馆专业学位研究生教育指导委员会会议上的讲话 /197

在第三届全国青少年文化遗产知识大赛颁奖仪式上的讲话 /199

在武汉大学文化遗产保护座谈会上的谈话 /201

在北京建筑工程学院“建筑遗产保护理论与技术”博士人才培养项目专家论证会上的讲话 /205

在首届水下文化遗产保护（考古）培训班毕业典礼暨水下文化遗产保护工作座谈会上的报告 /208

在国家文物局、四川大学签署共建协议仪式上的致辞 /213

在全国文物博物馆专业学位研究生教育研讨会上的报告 /215

关于实施文化遗产知识宣传普及工程的提案 /226

在山东大学文化遗产研究院成立暨考古学专业设立 40 周年纪念大会上的讲话 /229

在北京工业大学故宫学文化节名家讲坛上的讲话 /233

在会见香港城市大学中国文化中心郑培凯教授时的讲话 /235

在故宫学高校教师讲习班开班仪式上的发言 /237

在同济大学建筑与城市遗产学术论坛暨“历史建筑保护工程”专业创立十周年庆典上的讲话 /239

在全国文物与博物馆专业学位研究生教育指导委员会暨培养单位 2013 年年会上的讲话 /242

关于加快文化遗产保护人才培养的提案 /248

在中国文物博物馆学院（北京大学考古文博学院）发展指导委员会全体会议上的讲话

（2003 年 3 月 23 日）

从 1998 年 4 月 8 日，国家文物局与北京大学签署了联合创办中国文物博物馆学院（北京大学考古文博学院）的协议，到今天已经 5 年了。在我们双方共同努力下，中国文物博物馆学院呈现出稳步发展的良好势头：在北京大学机构改革中，考古文博学院的人员编制和经费均有所增加；联合办学后新设立的文物科技保护与古建筑维修两个专业方向招生顺利，首批毕业生将于今年毕业；我们委托中国文物博物馆学院承办的几期高级研讨班均取得了圆满成功；中国文物博物馆学院教学楼工程即将于 5 月竣工。这些都为中国文物博物馆学院在新世纪的进一步健康发展创造了良好的条件。借此机会，我谨代表国家文物局向为中国文物博物馆学院的创建和发展作出重要贡献的老局长张文彬同志和第一届中国文物博物馆学院发展指导委员会的全体委员以及在座的各位同人，表示诚挚的敬意和衷心的感谢！

根据中国文物博物馆学院发展指导委员会章程的规定，我们今天举行中国文物博物馆学院发展指导委员会 2003 年度全体会议，调整、增补主任委员和委员。作为职务行为，大家决定让我来作主任委员，我将全力以赴，努力把工作做好。同时，我也衷心希望张文彬局长继续关心、支持中国文物博物馆学院的发展和建设，作为名誉院长，对中国文物博物馆学院的教学、科研，尤其是国家文物局专业管理干部岗位培训工作给予更多、更具体的指导。我也希望各位委员继续为中国文物博物馆学院作出自己的贡献,使之不断发展，不断进步。自去年年底以来，按照全国干部教育培训规划的具体要求和明确目标，国家文物局把加强文物博物馆干部教育培训工作作为2003年的重要基础工作，提出了培训工作的具体方案。新年伊始，国家文物局在上海复旦大学召开了文物博物馆教育培训座谈会，研究、部署了有关工作。下面，我就中国文物博物馆学院的发展和文物博物馆教育培训工作谈几点意见,不妥之处,请各位专家批评指正。

一是充分发挥中国文物博物馆学院在校教育和学历教育的优势，结合我国文物博物馆事业发展的需要，确立学院的工作计划和发展规划。国家文物局已经制订了《国家文物局2003年重点工作计划》，请大家提出意见和建议。

二是今年国家文物局将把培训重点放在提高全国文物博物馆队伍的干部素质、持证上岗、资格认定等方面，要与北京大学共同研究如何把中国文物博物馆学院的优势与我们培训需求密切结合，发挥综合性大学学科齐全的整体优势，有计划、有步骤地加以实施。

三是文物科技保护和古建筑维修两个专业方向，是联合办学后为解决我国文物博物馆系统急需专业人才的问题而设立的，体现了中国文物博物馆学院多学科合作、文理工相结合的特点。上述两个专业方向今后招生可以考虑适当采用定向培养或委托培养的方式。

总之，努力加强文物博物馆教育培训工作，探索建立新时期文物博物馆教育培训工作的新特点和新体制，造就一支体系完备、结构合理、素质良好的文物博物馆队伍，是文物博物馆事业在跨入新世纪面临的一项艰巨而紧迫的任务，这方面的工作已经得到了北京大学和在座各位的很多帮助和支持，让我们继续努力，共同办好中国文物博物馆学院，为我国文物博物馆事业培养更多优秀人才，为文物博物馆干部教育培训工作作出更大的贡献。

北京大学考古文博学院大楼建设工地

关于对爱国主义教育基地加大扶持力度的建议案[1]

（2003年3月）

1994年以来，各地大力贯彻中共中央颁布的《爱国主义教育实施纲要》，积极推进了以各级、各类爱国主义教育基地为依托的宣传教育工作。截至目前，被各级党委、政府及有关部门命名为“爱国主义教育基地”的博物馆、革命纪念馆、科技馆、烈士陵园等单位达1000多个。以井冈山、瑞金、遵义、延安、西柏坡、歌乐山等地的革命纪念馆为代表的爱国主义教育基地，通过举办陈列、巡回展览、冬夏令营、党团日活动、发送知识读物等方式，不断丰富教育内容，改善参观环境和服务手段，每年接待观众上亿人次，为弘扬民族优秀文化，促进对广大群众特别是青少年的爱国主义和革命传统教育，激励全民族建设中国特色社会主义的昂扬斗志，作出了积极贡献。

在我国全面建设小康社会，加快推进改革开放和现代化建设新的历史进程中，物质生活水平的不断提高，现代化科学技术和传播手段的日新月异，将使公众的知识领域和审美情趣进一步扩展。一方面，广大群众和青少年对爱国主义教育基地的内容、形式将提出

① 此文为在全国政协十届一次会议上的提案，联名提案人：张文彬 樊锦诗 夏燕月 安家瑶 王洪华 周天游 陈漱渝 苏士澍 邓培德 朱宗涵 陈国星 张贤亮 潘震宙 艾青春 刘忠德 吴江 白淑湘 徐锡安 吴祖强 焦文俊 尤兰田 陶铁男 姚珠珠 舒乙 陈晓光 杨力舟 刘炳森 于庆成 聂震宁 刘振英 于友先 朱英璜 汪继祥 沈仁干。

更高的要求；另一方面，社会各界将更加关注爱国主义教育基地的参观环境和相关服务。但从当前总的情况看，各地爱国主义教育基地建设中还存在一些薄弱环节。一是各级、各类爱国主义教育基地推出的参观、教育和相关服务项目还不够丰富，还缺乏应有的吸引力和感召力，与时代的要求、与人民群众的要求还有一定的差距；二是多数爱国主义教育基地处于经济欠发达地区，其中约有半数地处革命老区或边远少数民族地区，由于受当地经济、社会发展水平特别是物质、技术条件的制约，场馆设施简陋、陈列展览陈旧、专业队伍不稳定、观众服务技术手段落后等问题长期得不到解决，影响了教育作用的发挥；三是各级党委、政府及有关部门对爱国主义教育基地公布、命名后的管理、扶持力度尚待加强，特别需要在软、硬件建设方面有重点地安排一些专项经费，帮助“基地”单位提高工作水平。

为进一步加强爱国主义教育基地建设，充分发挥爱国主义和革命传统教育对振奋民族精神、凝聚民族力量的重要价值和作用，建议各级党委宣传部门切实加大对爱国主义教育基地的扶持力度。一方面，应加强党委宣传部门对爱国主义教育基地的领导、监督和协调作用，在开展系统调研的基础上，建立、健全爱国主义教育基地的管理制度，规范基地的审批、命名，确立对基地业务活动的考评体系和激励机制；另一方面，应从党委宣传部门管理的“宣传文化发展专项资金”中单列“爱国主义教育基地建设补助经费”，专门支持爱国主义教育基地改善设施、陈列和服务，向广大群众和青少年提供更多、更好的精神食粮。

在国家文物局系统预算培训班上的报告

（2003 年 7 月 29 日）

现在，我就预算编制工作讲几点意见。

一、充分认识部门预算的重要性

实行部门预算是最近几年我国财政体制改革的重要举措，这是建立市场经济体制的需要，是建立公共财政体制的必然要求。预算编制是公共财政支出管理的核心环节，实行部门预算，形成独立、完整的预算体系，通过调整和优化支出结构，可以重点保证公共服务领域的支出需要。从宏观上讲，政府预算体现国家意志，是国家管理社会经济事务、实施宏观调控的重要手段。从微观上讲，部门预算体现部门行政行为和事业长远目标，反映部门的全部行政收支状况，为部门履行行政职能和促进事业发展提供财力保障。正是由于部门预算具有的特殊重要性，因此，部门预算工作必须由各部门、各单位密切配合，举全局之力，编制出一个完整的综合的部门预算，确保预算管理工作的公开、公正、科学规范。

二、适应财政预算体制改革要求

国家文物局部门预算编制工作取得了显著成绩。三年来，国家文物局年度部门财务预算工作积极适应国家财政预算改革要求，探索科学合理编制文物事业发展财务预算的途径，取得了显著成绩，主要收获反映在以下几个方面。

（1）初步适应了财政预算改革的要求，实现了预算编制的统一性。按照财政部的统一部署，国家文物局采取综合预算的编制方法，试编包括全部直属事业单位在内的部门预算，将预算内收支、预算外收支全部纳入部门预算编制范围，预算细化落实到具体单位和项目，初步实现了“一个部门一本预算”的目标。

（2）树立了预算观念，加深了对项目预算的认识。在过去施行的预算管理体制下，各部门、各单位普遍习惯于花钱靠打报告，没有预算概念。实行部门预算后，部门支出将划分为基础支出和项目支出，预算编制细化到具体项目，财政部门按照项目予以批复，部门按批复的项目实现支出。这种变化，促使我们必须逐步树立起学会编制预算和执行预算的观念，要做事必须先有预算，没有预算就没有支出，这已经成为共识。

（3）对重大项目必须实施程序管理。2001—2002 年，国家文物局进一步强化了细化预算编制的工作，项目支出预算试行了项目评审机制的方法，加强了对项目方案和预算的审核论证，使预算资金的使用效益有所提高。

（4）根据财政部门的要求，2003 年进一步采取了强化预算管理的措施。第一，加强制度建设，制定和印发了《国家文物局部门预算编制程序》，规定了预算编报的审核程序，明确了机关内部各部门和各直属单位的预算编报职责，为部门预算编制工作的规范化奠定了基础。第二，强化预算专业分工，在财务功能上将原计财处分为预算编制和预算执行两个部分，设置预算处和财务处，使部门预算工作专门化，为今后国家文物局财务预算工作提供了很好的组织保证。第三,积极配合财政进行了博物馆基本支出的定员定额测算。经过细致的工作，最后确定的博物馆基本支出定额从根本上保障了博物馆机构的正常运转和日常业务工作的顺利进行。

在充分肯定成绩的同时，我们也应该清楚地看到，当前，国家文物局在部门预算工作中还存在一些问题,需要进一步改进和完善。

第一，对部门预算工作重要性的认识有待进一步提高，预算执行的严肃性有待进一步增强。近年来，各直属单位初步建立起了部门预算概念，但是国家文物局机关各司（室）、各业务工作部门的预算意识比较淡薄。没有预算的要花钱,有了预算的,钱却花不出去,这种情况应当有所改变。有的直属单位也存在类似问题。这与财务部门宣传不够、严格预算管理不够也有关系。

第二，预算管理体系需进一步完善，基本支出和项目支出的界定尚缺乏具体标准，预算编制依据不尽科学合理。今后需要在财政部统一规范下，进一步提高预算编制的科学性、规范性和准确性，从而提高部门预算的质量。

第三，缺少严格的预算和执行管理程序。按照财政部关于项目支出管理的规定，对投入的项目要从立项、执行到完成实行全过程审查监督管理，以确保项目资金的使用效益。但是目前国家文物局对项目资金的使用尚未建立有效的跟踪问效机制，重资金分配、轻资金管理的现象未得到根本改变。

三、认清形势，正视现实

根据以上存在的问题，说明我们在部门财务预算工作方面还有不尽如人意的缺憾和漏洞，如果我们还不重视改进这项工作，头脑仍不清醒，必然会给事业的发展带来严重后果。新修订的《中华人民共和国文物保护法》（简称《文物保护法》）颁布后，我们各方面工作任务加重，各项工作的落实必须以强有力的资金支持为后盾。然而，当前无论从国家财政的大形势，例如部门预算改革、“非典”对经济形势的影响等，还是从国家文物局年度财政可收入支配数量的小形势，例如体制变化影响直接收入等，我们都正在面临着比较大的困难和挑战。

（1）财政改革形势逼人。目前，财政部参照国际通行做法，在财政收入制度改革取得成功后，又推出支出管理改革，实行部门预算制度。从预算外资金的“收支两条线”开始，逐步将包括预算外资金在内的财政性资金统一纳入预算管理；同时改变了基数加增长的传统预算模式（即“基数法”），采用“零基预算”“定员定额”的方法（即“因素法”） 编制基本支出预算，按照项目评审机制的方法编制项目支出预算。也就是说，现在的预算已没有“基数”的说法，没有“既得利益”的存在。不按规定编制部门预算，就没有钱；项目不过硬，理由不充分，预算编得再精彩，也要不来钱。

（2）“非典”疫情的发生导致国家财政必须集中财力建立突发性事件应对机制,对法定增长以外的其他事业支持力度相对减弱，对文物的资金投入比往年增长幅度将明显减少。国家文物局文物事业费财政拨款 2001 年为 4678 万元，比 2000 年增加 55%；2002 年为 7813 万元，比 2001 年增加 67%；2003 年为 10556 万元，比 2002 年只增加 35%。

（3）内部管理体制变化使多年形成的收入格局被打破，直接影响资金供给。随着国家博物馆、故宫博物院划归文化部管理后，原有的门票上交款不再直接由财政划归国家文物局支配，原用于弥补预算收支缺口的资金来源成为很不确定的因素，每年一半以上的经费被取消。如何消除体制变化带来的不利影响，继续保持事业可持续发展，迫使我们全局上下必须正视当前面临的这一困难和现实，只能通过预算工作的进一步改进和加强，来摆脱因经费问题而造成的羁绊。

四、转变观念，调整思路，积极应变

鉴于国家整体财经形势的变化，我们要充分认清形势，正视客观现实；及时调整思路，确定应对措施。经过研究，借这次会议提出几点要求，请大家认真思考并执行。

1）转变思想观念，强化部门预算意识

部门预算是一个关系事业发展的重要工作，涉及方方面面，反映部门的整体工作水平。部门预算既是基础性工作又是长期性工作。它绝非一个预算部门或财务部门的事，它是业务司（室）和各单位的主要工作之一。没有相关司（室）的基础数据和基本情况，财务预算部门编制不出反映国家文物局事业发展总体需求的预算。各单位、各部门要从讲大局的高度来认识这个问题。要以各单位、各部门的业务为基础，自己首先编制好属于自己工作职责范畴的年度财政支出预算方案，再由各单位、各部门的预算组成全局的预算，尤其是要把项目预算置于文物事业发展的大局中去认识和把握，增强项目预算编制的主动性。

2）转变工作作风，领导要亲自抓预算

直属各单位领导、局内各级领导（司长、处长）对预算工作要亲力亲为，从司长做起，从处长做起，主动抓，亲自抓。所谓“一屋不扫，何以扫天下”，本单位、本处（室）预算工作做不好，何以去谋划国家文物博物馆事业发展？所以说，不亲自抓项目预算编制的处长不是一个合格的处长，不主动组织和协调项目预算编制的司长也不能算是一个称职的司长，不重视部门预算工作的单位领导也算不上是称职的领导。

3）转变工作方法

每个单位、每个部门都要把预算作为本单位、本部门的重要工作来抓。一方面要注重学习，领会部门预算编制的要求；另一方面，要大兴调查研究之风，积极主动地想办法、出主意，创造性地开展工作。要建立项目责任制，采取“请进来，走出去”等多种方式，集中精力抓好部门财政预算编制的组织协调工作。

4）整合项目，突出重点，集中精力办大事

以《文物事业“十五”发展规划和2015年远景目标纲要》所确定的任务为目标，坚持实施文物保护可持续发展战略，以国家财政改革为导向，以与国家文物博物馆事业的改革与发展密切联系的带有长期性、战略性的工作和年度中心工作作为编制预算的指导思想，争取在国家财政中确定我国文物事业的长期发展资金。因此，必须对原有各类零星小项目进行整合，形成带有全局性的并对文物事业产生深远影响的项目，以项目实施带动工作，推进事业全面和可持续发展。

5）在提倡艰苦奋斗、勤俭办事的前提下，鼓励多思考，多办实事，多出成果，使资金变成效益

各部门、各单位要通过完成一些做得很漂亮的项目来争取资金，通过多办一些实实在在的事来促进事业的发展和提高。同时，财务部门要健全和完善管理制度，制定相关开支标准，规范支出行为，最大限度地用好资金。

6）各部门各单位都要“练好内功”

一练如何编制预算，项目预算要具有科学性、合理性、前瞻性，要经得起检验。二练如何组织项目实施。前者决定资金来源规模，后者决定资金支出规模并反过来影响资金来源规模。要钱固然重要，花钱同样重要。没有钱办不了事，有了钱不会花或花不好，不仅办不了事，反而会出问题。

总之，部门预算是全局的大事，要保障事业顺利发展，就必须认真做好预算。希望大家高度重视，业务部门和财务部门要分工负责，密切配合，把预算做好，把项目做好。

在国家文物局文博行业高级职称评审会座谈会上的讲话

（2003年8月24日）

非常感谢各位评委在百忙中出席2003年度文物博物馆行业高级职称评审会并参加今天上午的座谈会。我想首先向大家介绍一下我对职称评审工作的一点认识。

谈到职称评审工作，我觉得是一个人才选拔的工作，评审的过程也是一个发现人才的过程。各位评委在这个评审会上就都是我们文物博物馆系统的伯乐，伯乐相马，全靠大家。今年我们评审工作还是坚持长期形成的科学标准和尺度，要有门槛，主要看重的是工作业绩和科研成果，要结合文物博物馆队伍人员的现状，从实际出发，立足文物博物馆事业的长远发展，着力培养优秀中青年专业技术骨干，同时要坚持按照国家对西部开发人才工作的指示，对西部地区、“老少边穷”地区文物博物馆业务骨干给一点倾斜，通过我们的努力，营造出一种讲实效、比贡献、人人奋进、个个成才的良好氛围。总结为一句话：坚持标准，重在实绩，尊重历史，面向未来。

职称评审工作政策性强，工作难度较大。但是我们相信在人事部的统一管理和评委们的共同努力下，文物博物馆行业高级职称评审工作将会越做越好。前两天，古建工程和编辑出版系列评审工作顺利结束，专家对评审工作提出了很好的意见和建议。根据这些意见和建议，我想今年和今后一个时期，我们将要重点做好以下几个方面的工作。

一是认真总结这些年来的评审经验，加强对职称评审工作的管理，抓紧梳理、整理、汇编有关文件。研究出台文物博物馆行业不同系列职称评审的申报、评审等一系列相关管理办法，做好建章立制工作。

二是抓紧对文物博物馆行业古建工程系列教授级高级工程师的职称认定，吸收建设部等部委和其他行业的做法，为求使从事文物古建筑保护的专业技术人员能够有机会获得相应的社会认同和职称待遇。

三是加强对获得高级职称的人才资源管理开发工作。尽快建立“局管人才库”，建立与专家的定期联系制度。指导各省文物行政部门建立“省级文博人才库”，分级管理，综合应用，充分发挥文物博物馆人才的资源优势，为促进文物博物馆事业的发展服务。

四是审定、核发文物博物馆行业各有关系列专业技术职务任职资格证书，抓紧完成证书发放、登记、建档工作。

目前，一些重点大学和科研院所已经基本实现专业技术职务任职资格与岗位的评聘分开，取得明显成效。文物博物馆系统职称评定与岗位聘用如何实现评聘分开的原则，尚需进一步探讨，也要请各位评委提出宝贵意见。

这里，我向大家介绍一下评委们长期支持和关心的文物博物馆队伍建设方面的工作情况。

一、关于干部教育培训工作

1999 年国家文物局进行过一次全国文物博物馆系统人才情况的调查，形势不容乐观。本科毕业生只占 12%，硕士、博士研究生占

0.8%。全国 7 万多文物博物馆干部职工整体素质偏低，与其他行业相比处于落后状态。国家文物局历来重视教育培训工作，1981 年成立教育处，我们在座的许多老领导、老同志都为文物博物馆教育培训工作付出很多心血，培训成效显著，有目共睹。近年来，国家文物局进一步加强了人才工作，加大了人才培养力度。除了举办多期文物博物馆业务培训班之外，还与北京大学合作办学，培养文物博物馆急需人才。今年，在部分调整职能设置时，重点加强了教育培训工作，在人事劳动司设立了教育培训处，统筹规划和管理指导全国文物博物馆教育培训方面的工作。

今年秋季，国家文物局将分别在北京、天津、西安等地委托北京大学、中国文物研究所、南开大学和西北大学举办省级文物局局（处）长、省级古建所所长、省级博物馆馆长和省级考古所所长专业管理干部培训班，对取得结业证书的学员颁发相应的岗位资格证书，逐步形成全系统管理干部和专业人员持证上岗、资格认定制度。

最近有人写文章讲，人才培养方式的发展变化经历了三个阶段，即：从农业社会师傅带徒弟的“师承制”，到工业社会的“文凭制”，以及现代社会的“证书制”。如果结合文物博物馆行业的特点看，我们实际上是“师承制、文凭制、证书制”这三种人才培养机制并存的现状，上述三种培养机制相辅相成，缺一不可。第一种方式通过师傅带徒弟，培养一些技术能手、能工巧匠，传承抢救濒临失传的特殊制作工艺，如彩画、装裱等，这在目前古建筑维修工作中显得十分紧迫。第二种方式即文凭制，我们鼓励文物博物馆系统的干部职工参加正规化的学历教育，也积极支持有关大学、学院为文物博物馆行业培养接受正规学历教育的专门人才。目前看来，考古学专门人才的培养情况较好，而古建筑保护和文物修复技术人才的正规学历教育，还没有列入教育部的专业设置范围，造成这方面人才的严重短缺。第三种方式即证书制，资格认定、持证上岗，这在西方国家已较为普遍，一个人有数个岗位证书的情况并不少见，而我们文物博物馆行业除了考古领队资格工作一直做得比较规范之外，实行资格认定工作还仅仅是一个开始，我们还有大量工作需要抓紧开展。

二、关于文物博物馆行业资质资格认证工作

我们正在抓紧开展文物博物馆行业职业人员资格认定工作。由国家文物局人事部门牵头，各业务司处根据管理的业务范围各司其职、配合开展。目前正在研究文物博物馆行业继续开展的资格认定工作的业务领域，如古建筑工程设计施工执业资格、文物修复师执业资格等，提高文物博物馆行业的科学化、规范化管理水平，不仅要赶上其他行业资格认定的步伐，而且要实现与国际接轨，促进文物博物馆行业在执业资格上的国际交流与合作。

最后，我简要介绍一下国家文物局下半年的工作任务。主要有以下几项。高句丽申报世界文化遗产的各项工作，下个月初接受国际专家的评估考查。这项工作是下半年工作的重中之重。积极配合国务院研究室等部门对世界遗产地的调研，完成给国务院的调研报告，切实解决世界文化遗产的保护管理体制等问题。抓好国家文物局文化体制改革试点单位中国文物研究所的改革和其他局属事业单位人事制度改革。做好直属单位有关领导班子建设工作。继续加强对大遗址保护的指导工作，对考古发掘工地和文物保护工程工地的质量、安全进行检查。继续抓好“四有”档案备案工作。落实文物博物馆系统干部教育培训计划。重点抓好资格认定、持证上岗、职

称评审、公务员培训、人才库建设等工作。筹备召开全国文物博物馆系统信息化工作会议。进一步加强文物博物馆防火防盗安全设施建设，促进《文物系统博物馆风险等级和安全防护级别的规定》达标及消防基础设施建设，加强对防火、防盗、博物馆藏品管理和建档备案等工作的安全监督检查力度。保证“中法文化年”有关活动顺利开展。召开文物外事工作会议和全国文物局长会议。组织评选表彰全国文物保护工作先进县。科学合理地做好 2004 年度文物事业发展财政预算。继续抓紧完善与文物保护法和实施条例相配套的法规建设。国家文物局人员数量少，工作任务重，大家可能都已经感受到了，借此机会请求各位评委更多地、不遗余力地指导和帮助我们做好工作。

在文物保护单位保护规划编制培训班上的讲话

（2003 年 9 月 4 日）

今天，文物保护单位保护规划编制培训班开班。说是培训，实为研讨。主要任务就是征求大家对《文物保护单位保护规划编制办法》的意见，总结、交流文物保护单位保护规划编制的经验，规范保护规划编制工作，提高保护规划编制的科学性。下面，我讲几点意见。

一、文物保护单位保护规划的作用和意义

文物保护单位保护规划是文物保护单位保护的基础性工作，是保护工作的重要组成部分。编制文物保护单位保护规划的目的是为了使文物本体及其相关的环境得到有效保护，使之传承后世；并在保护的前提下，充分发挥其社会作用，促进地方社会、经济、文化和环境的协调发展。

对于每一处文物保护单位的保护工作而言，保护规划的编制工作都具有纲领意义，是直接指导文物保护单位保护和利用工作的行动指南。只有通过编制详尽而切实的保护规划，才能全面、整体地保存文物本体及其相关环境的真实性、完整性。保护规划能够保持保护和管理工作的连续性，确保在资源可行的范围内实施更有效率的管理，最终实现管理的目标。编制保护规划，可以吸引更为广泛的资金投入，将更多地从不同角度关注文物保护单位的保护，将社

会力量聚集在一起，取得更多的支持和更广泛的合作。因此，保护规划编制质量是文物保护单位能否获得有效保护的基本前提，是至关重要的工作环节。

涉及文物保护单位保护工作的一些关键性、全局性的问题都需要在规划中予以明确，在实施规划过程中予以逐步解决。使文物保护单位与相关的自然、人文环境建立更广泛的联系，不是孤立地处理保护问题，而是在一个更为广阔的背景下解决各种问题。通过对城乡规划中一个局部区域（文物保护单位保护范围和建设控制地带）的土地、空间、环境等各种资源的调控和整合，达到有效保护文物的目的。

制定文物保护规划实际上是对文物保护单位“四有”工作的丰富和提高，制定保护规划同时也为“四有”工作提出了更高的要求。例如，通过制定新疆吐鲁番地区文物保护与旅游发展规划，大大促进了吐鲁番地区的文物工作，也促进了吐鲁番地区进一步加强其区域内文物保护单位的“四有”工作。

加强规划工作，对于正确处理近期利益和长远利益、局部利益和整体利益，促进协调经济建设、现代化建设与文物保护、环境协调发展具有重要意义。

二、文物保护单位保护规划编制工作情况

一般而言，大家都知道各地有城市总体规划、历史文化名城保护规划和风景名胜区规划等，上述规划中也会涉及文物保护单位的保护工作内容，这些规划编制中许多有益的经验和不足都值得在编制文物保护单位保护规划时借鉴和反思。

编制文物保护单位保护规划开始于20世纪90年代。1991年牡

丹江文物站与土地管理局共同编制了《牡丹江市文物保护单位保护区规划》，这是文物部门与土地部门联合编制文物保护单位保护规划的一项创举，是全国土地规划中文物特殊用地规划的首例。与此同时，《清东陵保护规划》也编制完成，并成为第一个获国家文物局批准的文物保护单位的保护规划。

清东陵

1992 年 4 月，七届人大五次会议正式通过兴建长江三峡水利枢纽工程的决议后，国家文物局立即组织湖北、四川两省文物部门开始进行三峡工程淹没区文物的调查和规划工作，1993 年上半年国家文物局在已有工作的基础上制定了《三峡工程库区文物保护规划大纲》，对制定三峡工程库区详细的文物保护规划确定了基本框架。1993 年 11—12 月，国家文物局组织全国 31 个文物保护科研机构和高等院校进入三峡库区开展全面的文物调查、勘探、测绘、发掘工作，编制淹没区各区县文物保护规划报告。1994年3月，根据国务院三峡建设委员会办公室的要求，国家文物局指定中国历史博物馆、中国文物研究所组成规划组，继续开展三峡库区文物调查和保护规划的制定工作。1996年5月，规划组完成并上交了《三峡工程淹没区及移民迁建区文物保护规划报告》。2000年6月国务院三峡建设委员会审查批准三峡库区1087处文物点列入《长江三峡工程淹没及迁建区文物古迹保护规划报告》。三峡文物保护规划实际上就是一个区域性的文物保护规划。

1995年，西安文物工作会议前，国家文物局组织河南、陕西两省文物部门编制了两省部分大遗址的保护规划，并作为会议材料发放。同年，黑龙江省文物局发布了《"黑龙江省大遗址保护利用规划"编制规范》。1996年，黑龙江省文物部门先后与省建委等部门联合发布了《关于做好大型文物遗址保护规划的通知》等一系列法规性文件，并制定了《渤海上京遗址保护规划》。同时，在国家文物局的倡导下，良渚遗址保护规划编制工作也正式启动。

1997年以后，为加强大遗址保护工作，国家文物局提出了大遗址保护思路，要求各地重视和加强大遗址保护规划编制，并逐年部署和组织了一些大遗址保护规划编制工作。目前，已着手开展保护规划编制工作的有60余个文物保护单位。北京圆明园遗址、河南安阳殷墟遗址、四川广汉三星堆遗址、宁夏银川西夏陵遗址、甘肃秦安大地湾遗址、陕西桥陵遗址和阳陵遗址、新疆吐鲁番地区文物保护与旅游发展规划等保护规划已获国家文物局批准。

申报世界文化遗产的文物保护单位都需要制定相应的保护规划。目前除1987年通过的第一批世界文化遗产外，其余的都已经制定了保护规划。第一批世界文化遗产中的秦始皇陵、周口店遗址等也都在制定保护规划。

同时，我们也注意到，文物保护单位保护规划编制工作还存在一些问题。

一是绝大多数文物保护单位保护规划尚未编制完成。根据不完全统计，在我国第一批至第五批全国重点文物保护单位中的 413 处遗址、墓葬类保护单位，仅有约 1/7 编制或开始编制保护规划。其中，处于前期阶段者近 1/4，处于编制阶段者近 2/3，评审通过者仅占 1/7，为遗址类文物保护单位总数的 2.7%。其他类文物保护单位保护规划编制工作开展的比例更低。

二是规划内容有待进一步规范。从各地已上报的保护规划来看，规划的体例、内容等参差不齐，有些远未达到规划编制深度。有相当一部分大遗址因为考古勘探或研究工作滞后，不能确定遗存分布边界，甚至不能提供基本的历史文化内涵或价值评估，不能为保护规划提供最基本的依据。文物保护单位环境保护的内容在大多数的大遗址保护规划中尚未受到应有的重视。

三是专业保护规划编制人员缺乏，这直接影响着整项工作的进展。目前，国内从事文物保护单位保护规划编制的单位只有几十家，多数单位还承担着保护方案的制定工作，远不能适应保护规划编制工作的需要。

为规范和加强文物保护单位保护规划编制工作，近年来，国家文物局开始组织编制遗址保护规划规范，并在此基础上，组织编制《文物保护单位保护规划编制办法》和实施细则。通过此次会议的研讨，将做进一步修改后印发。

三、几点要求

（1）提高认识，充分认识保护规划的重要性。文物保护是各级政府的责任，编制文物保护单位保护规划是一种政府行为，是政府指导和调控与文物保护单位有关的文物保护、利用的基本手段，是文物法规和“五纳入”在每个文物保护单位的具体落实，是关系到文物保护单位保护和整个文物保护事业首要的基础工作。

遗址保护规划之所以由地方政府委托而不是由文物部门委托，是由规划的性质所决定的，遗址的保护仅靠文物部门一家是没有办法完成的。这是遗址保护成功的关键，既要考虑到遗址的保护，又要考虑当地的利益，这也是规划具有可行性、可操作性的保证，否则就会成为一纸空文。保护规划的制定也使一些地方政府摆脱遗址保护的包袱的思想，同时杜绝靠遗址发财的思想。

因此，文物保护单位的保护规划研究不仅应当在文物保护界受到重视，而且应当在建筑设计与规划领域获得应有的重视，在思想认识和人力投入上推进到一个新的阶段，并须提倡各学科联手，介入保护规划，为文物保护工作做到群策群力。

国家文物局非常重视文物保护单位保护规划的编制工作，将其作为“十五”工作的重点之一。近年来，直接组织编制了《吐鲁番地区文物保护与旅游发展规划》。同时，每年安排相当比例的专项经费用于全国重点文物保护单位的保护规划编制工作，2003 年文物保护规划的经费达到 1500 万元以上。今后国家文物局还将重点支持文物保护单位保护规划的制定工作，争取在“十五”期间，完成一定数量的保护规划的制定工作。

（2）科学编制，进一步明确规划工作的基本原则和主要内容，明确工作重点，划定保护范围，建设控制地带，制定严格可行的保护措施和控制要求，并纳入城乡规划之中。

制定规划必须遵循文物工作方针和文物工作发展的客观规律，注重可操作性。客观，实事求是，立足现实，尊重历史，面向未来，因地制宜，统筹兼顾，综合部署，合理取舍，循序渐进。规划目标如果不切实际没有任何用处。

规划的过程与规划本身同样重要。所有的规划都需要大量的时间和精力去编制，未经过充分评估而匆忙制定的规划甚至比没有规划对文物更有害。在这个过程中，可以分享建议、解决问题、取得舆论支持，并且可以吸收对遗产地感兴趣的相关个人与组织参与。

（3）狠抓落实，省级文物行政主管部门要有计划、有步骤地将所在地文物保护单位保护规划编制工作排列顺序，逐步实施。有条件的部门，首先要进行考古工作和必要的测绘工作，为规划编制工作提供科学资料。各全国重点文物保护单位内的考古工作首先要围绕着保护规划编制工作进行必要的勘探、试掘。同时，要开展对文物保护单位的保存、保护、管理和利用状况的调研和评估工作，建筑类遗产还要特别注意进行残损情况的调查。

目前文物保护单位保护规划编制工作才刚刚起步，相关的规定、标准、规范等工作还需要进一步制定、完善，承担规划任务的单位也要及时总结经验，相互交流，共同为文物保护单位保护工作贡献自己的一份力量。

在北京大学考古文博学院（中国文物博物馆学院）新教学楼落成典礼上的讲话

（2003年10月8日）

今天，由北京大学和国家文物局共同投资兴建的北京大学考古文博学院（中国文物博物馆学院）新教学楼建成了。这是北京大学和国家文物局的一件大事，也是我国文物博物馆界的一桩喜事。

北京大学是中国高等院校中最早设置考古学科的学校。20世纪50年代初，北京大学、中国科学院考古研究所和文化部社会文化事业管理局联合举办的四期考古人员培训班，成为中国考古学史上具有划时代意义的大事，被誉为文物博物馆界的“黄埔四期”，为配合国家大规模经济建设培养了一批考古专门人才。

北京大学考古文博学院、中国文物博物馆学院考古教学楼落成典礼

新中国成立五十多年来，北京大学为国家输送了两千多名各级各类高层次文物博物馆专业人才。在全国考古、文物博物馆战线上几乎一半以上的业务骨干毕业于北京大学考古专业。北京大学考古文博学院不愧为“中国考古学家的摇篮”。

为了适应我国文物博物馆事业的发展，1998年，国家文物局与北京大学在北京大学考古学的基础上，联合创办了中国文物博物馆学院，并制定了古代建筑专业方向，培养了一批文物博物馆系统急需的专业人才，为我国文物事业的发展作出了重要贡献。

“治国之道，务在举贤。”事业的发展，关键在于人。文物工作队伍素质的高低，直接关系到我国文物博物馆事业的兴衰成败。努力建设一支结构合理、素质优良的文物工作队伍，是文物博物馆事业在新世纪面临的一项艰巨而紧迫的任务。国家文物局将按照人才工作会议的精神，依托高等院校的办学优势，建立多层次、多渠道的文物博物馆教育工作格局，加强在职人员的培训，逐步建立岗位培训与任职资格挂钩的机制，重点培养一批适应文物事业发展要求的高层次人才。

国家文物局同北京大学联合办学以来，得到了北京大学各方面的大力支持。今后，我们还将继续依靠北京大学的综合优势，共同努力，把北京大学考古文博学院暨中国文物博物馆学院建成培养造就文物保护人才的主要基地。祝愿北京大学考古文博学院暨中国文物博物馆学院迎来更加辉煌的明天！

在国家文物局部门预算培训班上的讲话

（2004年5月10日）

国家文物局2004年部门预算培训班今天正式开学。这次培训的主要目的是贯彻全国教科文财务工作会议精神，紧密结合文物工作的实际，总结和交流近年来部门预算和财务工作的经验教训，为进一步做好部门预算工作创造更好的条件。下面我讲几点意见。

按照财政部的统一部署，国家文物局部门预算采取综合预算的编制方法，编制了包括直属事业单位在内的部门预算，将预算内收支、预算外收支全部纳入部门预算编制范围，预算细化落实到了具体单位和具体项目上，实现了“一个部门一本预算”，基本符合财政预算改革的要求。国家文物局机关及直属单位已经基本树立预算观念，对通过编制、整合项目来提高部门预算水平达成共识。2003年，国家文物局在制度及机构等方面采取了强化预算管理措施，成立了预算处，专门负责部门预算的编制工作，部门预算编制水平逐年提高，保证了国家文物局系统正常业务的开展和事业发展的需要。2004年，又进一步加强和深化了项目支出预算的设计和编制，使之更加科学、合理，更加符合文物工作的实际，突出文物工作的特点。在基本保证国家文物局基本支出和原有项目的同时，整合项目的努力也得到了财政部的认可，新增了文物安全督察与管理、可移动文物保护管理、不可移动文物保护管理、文物科技保护与研究等重大项目，为国家文物局职责的履行和文物事业的健康发展提供了资金支持。总之，国家文物局的部门财政预算管理正在逐步走向科学化、法制化、规范化。

在充分肯定成绩的同时，我们也应清楚地看到预算工作中还存在一些问题，需要进一步改进和完善。一是对部门预算重要性的认识有待进一步提高，预算执行的严肃性有待进一步增强。目前只是初步建立起了预算概念，预算编制和执行的严肃性意识仍然比较淡薄。二是预算管理体系需进一步完善，基本支出和项目支出的界定缺乏具体标准，预算编制依据不够科学合理。三是缺少严格的项目预算和执行管理程序。对项目资金的使用尚未建立有效的跟踪问效机制，重资金分配、轻资金管理的现象未得到根本改变。根据今年审计署检查报告，在有些部门预算中存在预算不够细化或预算编制不完整，甚至擅自调整预算项目及金额的现象。这些都需要我们警惕和加以密切关注。

改革开放以来，我国的财政体制进行了重大改革，前一段的重点集中在财政收入管理方面，目前已将重点转移到财政支出管理方面。适应政府预算编制、国库管理制度和政府采购改革，是今后一段时间预算和财务工作的重点。

按照建设市场经济体制的要求，财政部在不断完善财政收入体系的同时，积极推进支出管理改革，加快建立公共财政体系。其中部门预算改革是整个财政体制改革的核心，它借鉴了市场经济国家的普遍做法，使我国的财政预算管理向科学化、法制化、规范化方向迈进了一大步，也将对包括文物部门在内的预算单位产生重大影响。积极适应和推进部门预算改革，是关系到全国文物事业改革和发展的重大课题。而部分预算的推进，又为文物博物馆事业的改革与发展提供了巨大的支持。

最近几年的实践证明，实行部门预算对保证公共支出需要具有十分积极的意义。通过调整支出结构，属于公共支出范围的文物博物馆预算单位的基本支出已经逐步得到保证；通过定员定额和逐级编报预算，文物博物馆基层单位的财政状况有所好转，业务工作和财政收支的计划性加强，随意性减少。

我们必须清楚地认识到，部门预算改革是一次非常深刻的革命。它涉及预算观念、预算体系、预算管理方式的改变，是对传统预算管理制度的一次革命，同时，实行部门预算以后，单位预算管理的要求提高了，习惯的经费申报审批程序和做法改变了，预算调节余地减少了，各级管理部门和各项支出会受到标准的限制等，这些都需要我们去研究和适应。我们一定要从全局和战略的高度，充分认识做好部门预算工作对文物事业发展的重大意义。为此，必须坚持两点不动摇：一是求真务实，二是勇于创新。

在预算工作中坚持求真务实，重要的是认真做好本部门基本支出定额预算和行政事业项目的拟订，充分体现我们的行业特点，确保项目设置和资金需求的科学性。

国际社会通常把创新作为评价一个国家综合竞争力的重要指标，创新能力越来越成为一个国家、民族乃至单位持续发展的重要动力。创新，是集责任、勇气、方法、态度、精神于一体的实践，既继承前人，又不因循守旧；既借鉴别人，又有所独创；努力做到观察形势有新视角，推进工作有新思路，解决问题有新办法，把握规律性，富于创造性。具体到财务工作的创新，按照财政部的要求，主要是创新事业单位财务管理模式，要与部门预算，国库集中支付、收支两条线，政府采购等各项财政支出改革相衔接和协调一致，尤其是要积极探索适合文物博物馆单位的具体改革方案和技术操作方式。此外，还要在加强事业单位预算管理、完善专项资金管理办法、强化监督检查工作等方面努力探索。

我在去年国家文物局预算工作会议上提出，部门预算工作要坚持以国家文物局机关和直属单位各级领导班子主要负责人为重点，紧紧抓住部门预算项目编制的薄弱环节,有针对性地开展工作。今天，我仍然要求国家文物局机关和各单位的主要负责同志亲自抓预算，要自觉站在保障文物博物馆事业可持续发展的高度上，真正树立和落实科学的发展观、正确的政绩观，坚持讲实话、出实招、办实事、务实效，把求真务实体现到预算工作中去，付诸实践、见诸行动、取得成效，一步一个脚印地做好工作，扎扎实实地把部门预算编制质量抓上去，使文物博物馆事业单位承担公益性事业任务的经费得到保证，使公益性文物保护业务开展得到资金保障，促进文物博物馆单位的改革和发展。

在全国省级文物局局长专业管理干部培训班结业典礼上的讲话

（2004年7月11日）

第二期全国省级文物局局长专业管理干部培训班经过整整两个月的学习实践，今天将顺利结业。

举办省级文物局局长等专业管理干部培训班，是国家文物局贯彻全国人才工作会议和全国文物工作会议精神的具体行动，也是文物博物馆教育培训工作的一项重要举措。国家文物局把人才培养和队伍建设列为文物博物馆事业的四项重点基础工作之一，采取加强机构建设、加大经费投入等措施切实加以落实。2003年下半年成功举办了省级文物局局长、博物馆馆长、考古所所长和古建所所长四个培训班，有95位同志获得了承办单位颁发的结业证书和国家文物局的岗位资格证书。今年我们又先后举办了文物局局长班和博物馆馆长班，古建所所长班也正在按计划进行，考古所所长班将于10月份在北京大学举办。我们的目标是：用三年多的时间，对在职全国省级文物局局长、博物馆馆长、考古所所长和古建所所长进行岗位培训，实行资格认定、持证上岗制度，进一步提高文物博物馆管理干部的学习能力、实践能力和创新能力，为文物博物馆事业的发展奠定坚实的人才基础。

复旦大学作为一所百年名校，为我国文物博物馆事业的发展作出了重要贡献。在20世纪80年代和90年代，复旦大学与国家文物局合作办学，培养了一批文物博物馆专业的优秀人才。这次承办第二期省级文物局局长班，复旦大学文博系始终以严谨负责的态度认真筹备和落实。在教学方案、组织管理和后勤保障等方面都做了合理安排，提供了细致周到的服务，得到了培训班学员的一致肯定。上海市文物管理委员会和上海博物馆等市属文物博物馆单位为培训班的考察实践活动提供了支持和帮助，使学员们充分感受到上海改革开放取得的成就和文物博物馆事业的发展进步。

在大家将要回到各自工作岗位之际，我想讲几点意见与大家共勉。

一是认真总结，消化吸收课堂教学和实地考察中学到的新知识和新经验，形成自己独到的见解，完成高质量的毕业论文，提高理论水平和理论创新的能力。二是理论联系实际，学以致用。把课堂上学到的知识运用到实际工作中，创造性地开展工作，提高管理创新的能力，积极推进本地区、本单位文物博物馆工作迈上一个新台阶。三是及时沟通，加强联系。教学相长，学员和学员之间、学员和学校之间、学员和国家文物局之间要采取多种方式，积极反馈意见和建议，研究探索教育培训工作的规律，认真总结办学经验，不断提高培训质量。今年 10 月，国家文物局将召开全国文物博物馆教育培训工作会议，希望各地总结经验，献计献策，共同推动这项工作。四是高度重视培训班的组织实施，妥善安排好工作，积极参加培训活动，圆满完成培训任务。各位学员要以自己的亲身体会和收获，带动本地区、本单位的同志们踊跃参加国家文物局举办的各类培训班，提高素养，更新知识，跟上时代前进的步伐。

在世界文化遗产地主要负责人培训班上的报告

（2004年8月23日）

我国自1985年加入《保护世界文化和自然遗产公约》以来，世界遗产事业得到了迅速发展，初步形成了以《中华人民共和国宪法》《文物保护法》《风景名胜区管理暂行条例》等法律、行政法规和地方性世界遗产保护专项法规、规章等构成的世界遗产保护管理法律体系。但是由于一直没有制定全国性的世界遗产保护管理专项法律、行政法规，实际工作中暴露出来的多头管理、职责不清、缺乏有力的保护措施等诸多问题长期无法解决。法治建设的相对滞后已经成为阻碍世界遗产事业发展的一个重要因素。

2002年4月，文化部、国家文物局等9部门发布了《关于加强和改善世界遗产保护管理工作的意见》。这一文件作为多部门联合颁布的部门规章，对协调和促进世界遗产保护管理工作发挥了一定的积极作用，但是因条件所限，其效力和操作性较弱，没能从根本上解决世界遗产法治建设的主要问题。

2004年2月15日，国务院办公厅转发了文化部、建设部、国家文物局、国家发展改革委、财政部、国土资源部、国家林业局、国家旅游局、国家宗教事务局等9部门《关于加强我国世界文化遗产保护管理工作的意见》（以下简称《意见》）。《意见》作为我国世界文化遗产保护管理工作的首部全国性专项部门规章，是我们开展相关工作的重要政策依据。贯彻落实《意见》，将对全面推动我国世界文化遗产保护管理工作的发展产生积极和深远的影响。

《意见》要求从以下三个方面加强和改善我国世界文化遗产保护管理工作：

（1）提高认识，端正世界文化遗产保护管理工作的指导思想；

（2）强化责任，加强对世界文化遗产保护管理工作的领导；

（3）加大力度，全面推进世界文化遗产的保护管理工作。

当前，贯彻落实《意见》应采取以下主要措施。

一、明确责任，加强协调，建立联席会议制度

多头管理，缺乏协调是世界文化遗产保护管理工作中长期存在的痼疾，《意见》为此规定："国务院批准建立的国家文物保护部际联席会议，负责审定世界文化遗产保护规划，协调解决保护管理工作中的重大问题。国务院文物行政主管部门承担部际联席会议的日常工作，负责世界文化遗产保护和管理的监督工作。"这就首次明确了由国家文物局负责世界文化遗产保护和管理的监督工作，并建立相关的协调机制，从而解决了职能分工和相互协调的问题。

为贯彻落实《意见》，国家文物局将于近期会同国务院文化、建设、国土资源、林业、宗教、旅游等部门，报请国务院召开第一次国家文物保护部际联席会议，研究世界文化遗产保护管理工作，并讨论通过联席会议工作制度和世界文化遗产保护的专家咨询、监测巡视工作制度。

通过建立健全国家文物保护部际联席会议工作制度，各有关部门可以进一步加强协作，在国家层面上形成世界文化遗产保护的合力。各世界文化遗产地所在省级政府也要按照《意见》的要求，尽

快建立相应的地方性世界文化遗产保护管理协调机构，协调、指导本地区世界文化遗产保护管理工作。

二、建立世界文化遗产保护的专家咨询制度

1972年通过的《世界遗产公约》明确规定了世界遗产委员会的三大专业咨询机构，即国际文化财产保护与修复研究中心、国际古迹遗址理事会和国际自然及自然资源保护联盟。长期以来，世界遗产委员会和上述三个机构密切合作，建立了一套较为完善的世界遗产保护管理专业咨询制度。

世界遗产委员会分别委托国际古迹遗址理事会、国际自然与自然资源保护联盟派出专家评估考察世界文化遗产和世界自然遗产申报项目。国际古迹遗址理事会、国际自然与自然资源保护联盟将在世界遗产委员会审议世界遗产申报项目时，向委员会作出推荐评估报告。同时，国际古迹遗址理事会、国际自然与自然资源保护联盟还分别承担了世界文化遗产和世界自然遗产保护状况监测的评估考察工作。专业咨询机构在世界遗产保护管理工作中发挥着举足轻重的作用，为世界遗产委员会科学、客观、公正地处理有关世界遗产事务作出了重要的积极贡献。

《意见》明确指出："要建立世界文化遗产保护的专家咨询机制"，这是我们与国际接轨，吸收和借鉴国际先进经验和理念的重要环节。

建立专家咨询机制，首先要建立和加强有关的专业组织。中国古迹遗址保护协会是文化部主管、挂靠于国家文物局的从事文化遗产保护与研究的学术团体，同时也是国际古迹遗址理事会中国委员会。2004年8月6日、7日，中国古迹遗址保护协会在北京召开大会，

通过了协会章程和工作报告，选举产生了协会领导班子，将于近期报民政部予以登记注册。

中国古迹遗址保护协会集中了国内在文化遗产保护领域各学科的研究和管理人才，能够为我国世界文化遗产保护管理工作提供有力的科学保障和智力支持。国家文物局将大力支持协会的工作，充分发挥其专业咨询作用，进一步促进我国世界文化遗产保护管理工作的科学化。

建立专家咨询机制，还要建立健全相关的专家委员会制度。为确保专家咨询的科学性、权威性和公正性，选择专业操守良好、学术造诣深厚的有关专家组成委员会，并建立严密的工作制度，是一项必不可少的工作。

国家文物局将于近期设立国家世界文化遗产保护专家委员会。专家委员会由国内世界文化遗产保护领域的权威专家组成，主要任务是：

（1）对世界文化遗产保护规划的制定和修改提出专业意见；

（2）对世界文化遗产保护范围和缓冲区内可能影响世界遗产价值的文物维修工程和建设工程方案提出专业意见；

（3）参加世界文化遗产监测巡视工作，参与编写巡视报告；

（4）受国家文物局的委托，就世界文化遗产保护管理工作中的重大问题提出意见和建议。

国家文物局已经草拟了委员会工作制度，将与有关部门协商确定委员会专家名单后，报国家文物保护部际联席会议审议。各地也要逐步建立相应的专业组织和专家委员会，制定相关的工作制度，充分发挥专家咨询在世界文化遗产保护管理工作中的重要作用。

三、建立世界文化遗产监测巡视制度

我国的世界文化遗产实行属地管理，遗产地的地方政府对于世界文化遗产的保护管理负有主要责任，绝大部分世界文化遗产的保护管理机构分别隶属于省、市、县各级政府。

鉴于世界文化遗产所具有的特殊重要性和影响力，《意见》规定，国家文物局负责世界文化遗产保护和管理的监督工作，国务院各有关部门依法对世界文化遗产区域内的实体资源实施行业管理。

由于管理层次上的悬殊，世界文化遗产保护管理机构和国务院主管部门之间的直接沟通联系存在着较大的困难，在一定程度上使国务院主管部门难以深入了解世界文化遗产保护管理工作的实际情况。为此，一方面我们要加快世界文化遗产动态信息系统的建设，另一方面必须建立监测巡视制度，通过进行实地巡视，准确掌握实际工作情况，及时解决工作中存在的问题。

世界文化遗产监测巡视将由国家文物局会同国务院各有关部门派员与国家世界文化遗产保护专家委员会或有关专业咨询机构派出的专家组成巡视组，对我国世界文化遗产的保护管理状况进行监督检查。

世界文化遗产监测巡视的主要任务是：

（1）了解世界文化遗产地的文物保护法等有关国家法律、法规，《世界遗产公约》及其《操作指南》的实施情况以及地方专项保护法规、规章，世界文化遗产保护规划的制定和实施情况；

（2）向派出巡视组的国家文物局和国务院有关部门及国家文物保护部际联席会议报告巡视工作中了解到的情况，提出意见和建议。

巡视组应当实地考察巡视的世界文化遗产的保护管理状况，并可根据巡视工作需要查阅有关文件、资料，召开座谈会，与有关人员谈话，了解和研究涉及世界文化遗产保护管理的重大问题。

世界文化遗产监测巡视将定期举行，每个世界文化遗产地每三年至少监测巡视一次，也可根据国务院和有关部门或相关国际组织的提议进行不定期的监测巡视。

国家文物局和国务院各有关部门将认真研究世界文化遗产监测巡视组的报告，及时总结和推广巡视中发现的好经验，纠正错误做法并提出相应的处理意见。对巡视中发现的世界文化遗产保护管理工作中存在的重大问题，提请国家文物保护部际联席会议讨论。

国家文物局已经草拟了世界文化遗产监测巡视工作制度，将报请第一次国家文物保护部际联席会议审议。部际联席会议将定期听取监测巡视工作报告，研究解决巡视中发现的重大问题，加强对监测巡视工作的指导。

四、及时解决和排除保护管理工作中存在的问题和隐患

2004 年 6 月，国家文物局下发了《关于检查我国世界文化遗产保护管理工作的紧急通知》，要求各地对世界文化遗产的保护管理工作，尤其是遗产的防火、防盗等安全防范工作，进行认真、全面的自查。对自查中发现的问题，及时采取有力措施予以解决。国家文物局派出由局领导带队的 5 个检查组，赶赴部分遗产地进行了检查。从检查情况看，大部分遗产地的保护管理情况良好，但是个别遗产的保护状况仍令人担忧。

各世界文化遗产地必须按照《意见》的要求，对当地遗产保护管理工作中存在的问题和隐患认真进行分析和梳理，及时予以解决。

对《意见》中着重指出的违反国家有关规定，将世界文化遗产租赁、承包、转让给个人、社会团体或企事业单位经营的现象，尤其要重点检查，及时纠正。

国家文物局将以此作为近期世界文化遗产监测巡视的重点，对违反《意见》要求的，及时致函世界遗产保护管理机构责令其限期改正，并抄送有关省级政府，抄报国务院办公厅。对因失职、渎职行为造成世界文化遗产破坏的，必须追究有关领导和责任人的责任。

五、加强世界文化遗产保护地方性法规、规章和保护规划的制定、完善

（1）加快世界遗产保护的地方立法工作，及时制定和完善保护规划。

我国一些世界文化遗产地已经相继制定了世界文化遗产保护的地方性法规、规章，为规范和保障世界文化遗产的保护管理工作发挥了重要作用。尚未开展这项工作的遗产地要加快地方立法工作，将世界遗产保护管理工作的保护标准、目标、法律责任和具体要求以及实践中的一些好的经验做法及时纳入地方法规、规章，为促进世界文化遗产的保护管理工作提供有力的法律保障。

我国绝大部分世界文化遗产都有保护规划。目前，急需制定的是一些涉及多个省、自治区、直辖市的世界文化遗产项目的总体保护规划，如国家文物局正在草拟、论证中的长城保护规划和明清皇家陵寝保护管理规划。对已有的保护规划根据具体情况需要进行完善的，应当严格按照审批程序，在充分的科学论证的基础上，及时予以修订。

（2）严格规范世界文化遗产保护规划的审批程序。

目前，世界文化遗产保护规划一般由遗产保护管理机构组织编制，当地政府予以审批。根据《意见》的规定，国家文物保护部际联席会议负责审定世界文化遗产保护规划，国家文物局承担部际联席会议的日常工作。今后，国家文物局将对世界文化遗产保护规划的制定和完善进行审核，并报部际联席会议批准。

（3）汇总研究，为制定《世界遗产保护管理条例》做好前期准备工作。

国家文物局将于近期汇总各世界文化遗产地制定、实施世界文化遗产保护地方性专项法规、规章和保护规划的有关情况，进行深入研究，并结合国务院研究室调研报告和近年来世界文化遗产保护管理的实际工作以及监测巡视中了解的情况，着手草拟《世界遗产保护管理条例》，争取尽快上报国务院审批。

六、建立特许经营制度

《意见》规定："世界文化遗产保护范围内的经营项目实行特许经营，并将有偿出让的收入用于世界文化遗产的保护。"世界文化遗产是具有稀缺性的宝贵资源，对世界文化遗产保护范围内的经营项目实行特许经营，一方面可以严格限制遗产保护范围内经营项目的数量、规模，避免商业经营项目的急剧发展对世界文化遗产赖以存在的人文和自然环境以及景观风貌的破坏；另一方面可以将有偿出让经营权的收入用于世界文化遗产的保护，有效地缓解当前世界文化遗产保护经费不足的困难。

国家文物局将邀请有关方面的专家，在广泛征求有关部门和各世界文化遗产保护管理机构的意见的基础上，研究、制定对世界文化遗产保护范围内的经营项目实行特许经营的具体管理办法，提请国家文物保护部际联席会议批准后予以实施。各遗产地可以先行开展相关的试点工作，试点工作中取得的经验和遇到的问题都可以及时向国家文物局反映。

七、开展对世界文化遗产保护管理人员的培训和资质认证工作

当前，我国世界文化遗产保护管理人员的总体素质尚不能令人满意，主要是专业人员，尤其是具有高级技术职称的专业人员所占的比例较小，保护管理的理念、手段和科研水平与国际先进水平相比还有较大差距。

为此，《意见》规定，要加强培训，逐步使专业人员达到职工总数的 40% 以上，实行世界文化遗产保护管理人员持证上岗制度。世界文化遗产保护管理机构的主要负责人要分批接受系统培训，并取得国家文物局颁发的资格证书。

我们这个培训班就是贯彻落实《意见》的一个重要步骤。各位学员作为世界文化遗产保护管理机构的主要负责人，将接受培训并参加考核，考核合格者取得资格证书。我们希望通过培训使大家能够比较系统地学习国家有关世界文化遗产保护的法律、法规和政策，了解国际上的先进理念和做法，交流实际工作经验，争取在较短的时间内对世界文化遗产保护管理的认识有一个明显的提高。今后，我们还将继续开展这项工作。

世界文化遗产保护管理人员的培训和颁证工作将更加繁重。国家文物局将从实际出发，对各世界文化遗产的保护管理人员进行分批培训，并及时总结经验，制定、实施相关的培训和资质认证制度，力争用 3~4 年的时间基本完成现有世界文化遗产保护管理人员的培

训和颁证工作。

八、利用科学技术加强世界文化遗产保护

科学技术是世界文化遗产保护最活跃和最有力的推动因素之一。充分利用现代化科学技术，提高世界文化遗产保护的科技含量是促进遗产保护管理的重要手段。按照《意见》的要求，国家文物局已经草拟完成了国家世界文化遗产管理信息库和遗产动态管理系统、预警系统的研制方案。

其中，世界文化遗产管理信息库是遗产动态管理系统和预警系统的记录档案和系统支撑的数据基础，采用分布式的建设模式。各文化遗产地保存自己专业的所有数据信息，核心数据信息与国家监测数据中心实现动态交互，既便于国家的统一管理，又能减少数据传输的负担和安全隐患。

世界文化遗产管理信息库和遗产动态管理系统、预警系统的建成将不仅为世界文化遗产的保护管理提供准确、翔实的决策信息，还将为研究人员提供相关的科研信息以及为社会公众提供旅游与教育信息服务。

国家文物局将在组织有关专家对设计方案进行科学论证和修改完善后，尽快予以审批、实施。我们也希望各位学员和世界文化遗产保护管理机构能够根据本单位在遗产信息化管理方面的实践经验，对上述信息库和管理系统在工作目标、建设模式、与现有的一些管理系统之间的兼容和扩展等各方面的问题提出建设性的意见。

九、加强世界文化遗产保护管理的宣传教育

世界文化遗产是全人类的共同财富，它的保护应当得到全社会

的支持和参与，加强对社会公众有关遗产保护理念和知识的宣传教育是十分必要和重要的。为此，《意见》规定："通过宣传教育，普及与世界文化遗产相关的法律法规和知识……要广泛动员全社会关心并支持世界文化遗产保护工作，充分发挥新闻媒体和群众监督作用，把世界文化遗产工作置于全社会的监督和支持之下。"

《世界遗产公约》第27条也规定："本公约缔约国应通过一切适当手段，特别是教育和宣传计划，努力增强本国人民对本公约第1和2条中所确定的文化和自然遗产的赞赏和尊重。缔约国应使公众广泛了解对这类遗产造成威胁的危险和根据本公约进行的活动。"

青年人是社会的未来，加强对青年人的教育对于促进世界遗产保护的长远发展尤其具有重要意义。联合国教科文组织为此专门编写了世界遗产课程教材《世界遗产与年轻人》，并在世界各地以不同形式举办了世界遗产青年论坛。我国也制定了世界遗产青少年教育计划，并于2004年5月举办了我国首届世界遗产青年论坛。2004年7月，第28届世界遗产委员会会议在我国苏州通过了《苏州决定》，呼吁各缔约国加强对青少年进行世界遗产保护教育，使青少年提高世界遗产保护意识，鼓励、帮助青少年成为遗产保护工作的新生力量，以确保世界遗产保护这一崇高事业的可持续发展。

我们要按照《意见》《世界遗产公约》和《苏州决定》的精神，大力加强对社会公众，尤其是青年人有关世界遗产保护的宣传教育工作，动员全社会力量共同保护好世界遗产。我们要把世界遗产保护的青少年教育工作作为当前加强未成年人教育工作的一个重要组成部分，通过对未成年人集体参观减免门票款、提供免费讲解、深入学校开展宣传活动等多种方式，在青少年中宣传普及世界遗产保护的理念和知识，开展爱国主义、优秀传统文化的教育，为世界遗产保护事业的长远发展奠定坚实的基础。

我们要充分利用新闻媒体的力量，通过报纸、杂志、广播、电视和网络等各种媒体，广泛宣传《关于加强我国世界文化遗产保护管理工作的意见》和遗产保护的有关知识和理念。要注意加强与新闻媒体尤其是各主流媒体的及时沟通，以正面报道为主，大力宣传、展示我国世界文化遗产丰富的历史人文内涵和保护管理工作的成就，树立正确的舆论导向。同时，要虚心听取新闻媒体针对保护管理工作中存在的问题提出的批评和意见，及时解决工作中出现的问题。

我们要积极支持、鼓励和引导广大民众参与世界遗产保护工作，认真听取他们的意见和建议。要按照以人为本和科学发展观的要求，不断提高世界遗产保护管理水平，改善服务设施，提高服务质量，积极探索和勇于创新丰富多彩的，具有较强的科学性、趣味性、可参与性的遗产宣传和展示方式，满足不同类型、不同层次的人们观赏、学习的需要，增强人们保护世界遗产的意识和热情，促进人的全面发展和社会整体文化素质的提高。

十、继续做好世界文化遗产申报工作

第28届世界遗产委员会会议通过了对《凯恩斯决议》进行部分修改的《苏州决定》，规定：从2006年起，每一个《世界遗产公约》缔约国每年至多可以新申报2项世界遗产，其中至少有1项是自然遗产；世界遗产委员会每年受理的世界遗产申报项目总数增加到45个，包括推迟审议的项目、扩展项目、跨国联合申报项目和紧急申报项目。

总的来说，《苏州决定》对《凯恩斯决议》的修改虽然在各国每年申报限额上有所突破，申报总限额也有所增加，但是由于申报总限额中包含了以前未予限制的推迟审议的项目、扩展项目、跨国联合申报项目和紧急申报项目，实际松动有限。今后世界遗产中心在受理申报项目超过总限额时，将实行严格的排序，申报工作将更加艰苦复杂。根据新的形势，国家文物局将于近期就世界文化遗产的申报主要开展以下三项工作。

（1）协助澳门特区政府做好澳门历史建筑群项目申报工作。

我国已将澳门历史建筑群确定为我国 2005 年世界文化遗产申报首选项目，今年 9 月马来西亚籍的国际专家将赴澳门评估考察该项目。国家文物局积极推动澳门历史建筑群申报世界文化遗产工作。今年 4 月，国家文物局专门邀请国际古迹遗址理事会司库乔拉·索拉先生考察了澳门历史建筑群项目和我国广东开平碉楼。乔拉·索拉先生对这两个项目都给予了高度评价。

国家文物局将应澳门特区政府的邀请，会同外交部、国务院港澳办、中国教科文全委会、文化部派员赴澳门指导澳门特区政府做好接待国际专家考察和澳门历史建筑群的维修保护相关工作。国际专家赴澳门考察时，国家文物局还将另派员陪同考察。

（2）抓紧开展丝绸之路等重点项目的申报工作。

为适应当前世界遗产申报日益严格的新形势，我们将把世界文化遗产申报的重点放在那些包含独特文化资源的成线或成面的文化遗产群的整体申报上，以充分利用宝贵的申报名额，尽量扩大遗产所涵盖的范围，使更多的遗产点能够通过整体申报及时列入《世界遗产名录》。

国家文物局将在近期重点指导有关地方政府做好丝绸之路、大运河等分布范围广、影响深远的文化遗产的保护和申报世界文化遗产工作。今年7月，国家文物局已经邀请世界遗产中心、国际古迹遗址理事会的有关官员分别考察了我国甘肃、新疆的陆上丝绸之路和宁波、泉州、广州的海上丝绸之路的文化遗产，并在北京与有关省、自治区文物部门负责人进行了座谈。世界遗产中心官员明确表示了对丝绸之路申报工作的浓厚兴趣，并对申报工作提出了极具建设性的意见。国家文物局将继续积极与有关国际组织沟通协调，争取他们对这些重点项目的支持，同时协调有关地方政府尽快展开申报工作。

（3）制定中国世界文化遗产预备名单。

从去年开始，国家文物局会同中国教科文全委会开展了制定中国世界文化遗产预备名单的工作。各地均踊跃申报，共有26个省、自治区、直辖市和澳门特别行政区上报了100多个申报项目。国家文物局已对申报材料进行了初步整理，将会同中国教科文全委会，借鉴世界遗产申报程序，通过中国古迹遗址保护协会等专业机构，组织有关专家对各地上报的世界文化遗产申报项目逐一进行实地评估考察评审，将符合条件的项目分批列入中国世界文化遗产预备名单，并向社会公布。已经列入预备名单的遗产保护管理工作不力，以致对遗产造成损害的，将被列入濒危名单；对遗产造成严重损害的，将被剔除预备名单。

在全国文物宣传教育工作会议上的报告

（2004年10月25日）

此次全国文物宣传教育工作会议在历史文化名城江西省南昌市召开。这次会议的主要任务是，总结交流文物宣传教育工作的经验，进一步明确今后一个时期文物宣传教育工作的指导思想、目标任务和主要措施。下面，我就宣传工作和教育培训工作讲几点意见。

全国文物宣传教育工作会议

第一部分　关于文物宣传工作

一、文物宣传工作所取得的成绩与不足

近年来，各级政府和文物部门不断提高对文物宣传工作重要性的认识，宣传工作的力度有了明显增强，取得了良好的成效。主要表现在以下几点。

（1）以《文物保护法》的宣传工作为中心，积极开展文物保护法律法规的宣传活动。在修订《文物保护法》和制定《中华人民共和国文物保护法实施条例》（简称《文物保护法实施条例》）的过程中，全国人大常委会和国务院高度重视对文物工作方针政策的宣传，结合法律法规的制定开展了大量的理论研究和宣传教育工作，使文物立法工作始终符合文物事业发展的要求。

配合新修订的《文物保护法》《文物保护法实施条例》以及《行政许可法》的颁布实施，全国各地大张旗鼓地开展了宣传活动，通过举办专家讲座、文艺演出、图片展览、法律咨询和知识竞赛等多种形式，使《文物保护法》深入基层、深入人心，努力实现广大民众了解《文物保护法》、领导干部熟悉《文物保护法》、文物工作者精通《文物保护法》的目标，有效地增强了全社会的文物保护意识，提高了各级政府和文物行政部门依法行政、依法保护文物的能力和水平。陕西省眉县农民主动保护生产活动中发现的珍贵文物的先进事迹，从另一个侧面反映了《文物保护法》的宣传已经深入人心。全国人大常委会教科文卫委员会和国家文物局还共同召开宣传贯彻《文物保护法》座谈会，全国人大常委会领导同志出席会议并作重要讲话。

（2）全社会关心文物保护的热情不断高涨，形成了良好的舆论氛围。各地宣传部门、新闻媒体加强了对文物保护工作的宣传报道，

许多媒体设立了专栏专版宣传文物保护工作。新闻宣传部门的同人为文物宣传工作作出了积极贡献，在此向他们表示衷心的感谢。

国家文物局两次开展“文物保护世纪行”系列活动，组织各大新闻媒体的近百名记者深入文物工作第一线，写出大量具有亲身体验的新闻报道，在社会上引起了极大反响。“文物保护世纪行”所到之处，各级政府负责同志高度重视。甘肃省和陕西省的主要领导同志亲自与新闻工作者交流座谈，既充分肯定了文物事业取得的成就，又客观指出了文物事业发展存在的困难，呼吁社会各界进一步支持文物工作，取得了显著的宣传效果。为配合西藏和平解放五十周年庆祝活动，国家文物局与中央电视台联合组织了西藏古格文明考察，向国内外宣传介绍西藏文物保护方面所取得的成就。

（3）各地举办的数量众多的文物展览活动，已经成为文物宣传的重要阵地。广大民众通过参观各种形式的文物展览，加深了对祖国优秀文化传统的认识和热爱。分布全国各地的博物馆和文物保护单位已经成为爱国主义教育的重要课堂。

文物对外展览已经成为加强我国同世界各国友好交流和合作的重要方式。文物展览所到之处，各国政要和社会著名人士争先观看，在当地乃至整个国家掀起“中国热”，有力地配合了我国的外宣工作。中法文化年活动中，国家主席胡锦涛和法国总统希拉克共同出席在法国举办的中国文物展，促进了两国民众之间的了解和信任。

（4）近年来，国家文物局和各地文物行政部门，对全国文物系统开展文物保护法律法规和各项政策的宣传教育工作。国家文物局组织由全国人大常委会、国务院法制办等有关部门专家组成的“文物保护法宣讲团”，积极承担有关培训活动的宣讲任务，使各类业务培训活动成为文物宣传工作的重要讲坛。

（5）通过表彰全国文物工作先进县，宣传了地方政府在文物保护工作中发挥的重要作用。在去年召开的全国文物局长会议上，文化部和国家文物局表彰了在文物保护工作中取得突出成绩的 31 个县（市、区），授予它们“全国文物工作先进县”的荣誉称号，进一步调动了各级政府重视和加强文物工作的积极性和主动性。

（6）配合第 28 届世界遗产委员会会议和 5 · 18 国际博物馆日等重大活动，进行有针对性的文化保护宣传活动。今年在苏州召开的第 28 届世界遗产委员会会议前后，国务院新闻办公室组织全国各大媒体对文化遗产保护，特别是我国世界文化遗产地的保护进行了大量的专题宣传报道。数以百计的深度报道使社会各界对文物保护事业有了新的认识，全民的文物保护意识进一步提高。

在每年的国际博物馆日，全国各地也根据当年所确定的主题，集中开展文物宣传活动。在今年的国际博物馆日宣传活动中，国家领导人亲切接见国际博物馆协会的负责人，进一步表明了国家对文物博物馆事业的高度重视。

（7）积极鼓励广大新闻工作者参与文物宣传工作。国家文物局制定了《文物保护好新闻评选管理办法》，分别在 2001 年和 2003 年组织了“文物保护好新闻”的评选活动，来自全国各地数以百计的新闻工作者积极参加了这项活动。全国人大常委会的有关负责同志对这项工作给予了高度重视，并向获奖的新闻界代表发表了热情洋溢的讲话，吁请广大新闻工作者积极投身于文物宣传工作。这项活动调动了广大新闻工作者对文物保护宣传工作的积极性，拓展了文物宣传工作的影响面，取得了明显的宣传效果。

（8）文物系统主办的报纸、书刊和网站等在文物宣传工作中发挥了骨干作用。目前全国文物系统已经形成了颇具规模的文物宣传网络，中国文物报社主办的《中国文物报》《文物天地》《中国文化遗产》等报刊的出版工作健康有序发展。文物出版社积极办好《文物》月刊，编辑出版了大量有关文物知识普及方面的优秀图书。《中国古代书画图目》和《唐宋时期的雕版印刷》分别获得第五届国家图书荣誉奖和国家图书奖。中国文物信息咨询中心发挥优势，完成了多次全国性的大型宣传活动，并承办了国家文物局的政府网站。故宫博物院充分发挥信息科学技术的优势，通过举办多媒体展示和建立互联网站，极大丰富了文物宣传的内容，提高了宣传质量。国家博物馆充分发挥优势，通过举办大型的重要展览活动，广泛宣传爱国主义精神。许多省、自治区、直辖市都有自己的文物博物馆刊物和网站，及时向公众介绍文物博物馆工作所取得的新成果。

（9）开展了文物保护标志征集大赛。由国家文物局主办，中国文物信息咨询中心承办的中国文物保护标志征集大赛，目前已经征集到来自国内外数以千计的作品，并通过专家评选出优秀作品。配合优秀作品的颁奖活动，文化部、国家文物局、山西省政府等有关部门在大同市举办了文物保护公益演出活动。目前中国文物保护标志正面向社会公众进一步深入开展评选活动。中国文物保护标志的确立，必将进一步增强文物保护事业的影响力。

文物宣传工作取得了一定成绩，但是还存在许多薄弱环节，主要表现在：思想认识不够到位，宣传重点不够突出，宣传队伍不够健全，尚未形成有效的工作机制等。以上不足，需要引起我们高度重视，并在今后的工作中逐步改进。

要从全面建设小康社会、促进文物事业健康发展的高度，认识文物宣传工作的重要意义。切实做好新形势下的文物宣传工作，是全面建设小康社会，促进物质文明、政治文明和精神文明协调发展的需要，也是促进文物事业健康发展的需要。在大力发展文物事业的进程中，文物宣传工作责任重大，任务繁重。要以时代的要求来审视文物宣传工作，以发展的眼光来研究文物宣传工作，以改革的精神来推动文物宣传工作，努力使文物宣传工作更好地体现时代性、把握规律性、富于创造性。

第一，要坚持着眼于对实际问题的理论思考，着眼于新的实践和新的发展，紧密结合实际，善于用事实说话，用典型说话，用喜闻乐见的形式搞好文物宣传工作。

第二，要坚持把加强祖国文化遗产保护事业服务作为宣传工作的主要内容。要全面宣传国家关于文物保护的方针政策和法律法规，积极宣传各级政府对文物事业的重视和支持，广泛宣传文物保护事业取得的重大成就，及时反映广大文物工作者和社会各界保护文物的新贡献，着力营造全社会共同参与保护文物的良好氛围。

第三，要坚持把弘扬和培育民族精神作为文物宣传工作的重要任务。要在爱国主义旗帜下，通过大力发掘和展示祖国文化遗产的历史价值、艺术价值和科学价值，通过举办各类形式新颖、内容生动的展示活动，不断增强文物工作的影响力，不断增强全社会参与文物保护事业的积极性。

第四，要坚持把加强和改进对外宣传作为文物宣传工作的一项战略性任务。要紧紧围绕外交工作大局，全面客观地向世界介绍我国悠久灿烂的历史文化，介绍我国大力加强文物保护的成就，不断增进我国人民同各国人民的相互了解和尊重，为促进文物事业发展营造良好的国际环境。

二、加强文物宣传工作的总体思路和主要任务

加强新时期文物宣传工作的总体思路是：把贯彻文物工作方针作为文物宣传工作的中心内容，把弘扬和培育民族精神作为文物宣传工作的重要任务，把执行文物保护法律法规和各项规定作为文物宣传工作的基本职责，切实加强对文物宣传工作的领导，为文物事业的改革发展创造良好的氛围。

（1）紧密联系文物事业改革发展的实践，在深入人心、开拓创新、力求实效上下功夫，在武装头脑、指导实践、推动工作上取得新进展。确定一批文物宣传工作重点研究课题，推出一批有分量的理论研究成果。

（2）以文物保护法的宣传为核心，扎实深入地宣传国家关于文物保护的重大决策和工作部署，认真做好文物保护事业全面进步的宣传报道，认真做好文物保护领域重大事件、重要活动的宣传报道和舆论引导工作，加强和改进对有关报道的指导和管理工作。国家文物局将建立新闻发布制度，及时向社会通报文物工作取得的重大成果。探索建立有利于繁荣文物宣传工作的激励机制，继续做好文物保护好新闻的评选工作。

（3）充分发挥文物工作的优势，大力弘扬和培育民族精神。要抓住国家大力开展理想信念教育和公民道德建设的大好时机，认真贯彻《公民道德建设实施纲要》的有关内容，把文化遗产保护教育作为提高思想道德素质的重要内容。要坚决落实《关于进一步加强和改进未成年人思想道德建设的若干意见》的要求，始终把面向青少年的祖国优秀文化遗产教育作为重要工作内容。

（4）充分发挥中央新闻单位在文物宣传工作中的主导地位，强化《中国文物报》的舆论宣传作用，强化《文物天地》和《中国

文化遗产》在普及文物保护科学知识方面的功能，坚持《文物》月刊的办刊方向，加强国家文物局政府网站建设。进一步繁荣文物图书的编辑出版工作，在多出精品图书的同时，注重编撰普及文物知识的读物，努力实现提高与普及的统一，思想性、艺术性与观赏性的统一，社会效益与经济效益的统一。各地要结合实际情况，推动文物图书资料出版的繁荣健康发展。要进一步加强信息网站建设，使我们的宣传活动更加丰富多彩，为广大民众所喜闻乐见。

（5）充分利用对外文物展览的窗口作用，依托新闻单位的对外宣传阵地，全面客观地向世界介绍中国优秀的文化遗产以及文物保护事业取得的重大成就，让世界更好地了解中国，为改革开放和现代化建设创造有利的国际舆论和文化环境，提高宣传工作的针对性、时效性。要抓住第十五届国际古迹遗址理事会大会在我国西安召开的契机，大力开展宣传工作，形成良好的舆论氛围。

（6）加强文物宣传工作队伍建设，充分发挥文物系统广大职工在文物工作中的积极作用，大力培养文物宣传工作人才。要通过举办文物宣传骨干培训活动等，努力提高文物宣传工作队伍的思想水平和业务素质。

（7）切实加强文物宣传的调查研究和舆情信息工作，进一步提高为决策服务的水平。要建立灵敏有效的文物保护信息反馈机制，努力提高信息质量。要加强对有关舆情信息的综合分析，及时发现问题，加强舆论引导。

（8）进一步规范文物宣传工作，完善重大新闻发布的审批制度。对于重大考古发掘和重大文物维修项目的报道要制定方案，经审批后有序进行。要完善文物新闻宣传管理体制，健全文物保护突发性事件新闻报道工作快速反应和应急协调机制，健全和完善文物宣传的统筹协调机制和新闻发布机制。要切实提高文物新闻宣传引导水平，加强和改进典型宣传、热点引导和舆论监督。

（9）做好新形势下的文物宣传工作，必须加强和改善对文物宣传工作的支持和领导。各级文物行政部门要积极争取各级政府对文物宣传工作的关心支持和帮助，切实加强和改善对文物宣传工作的领导。要高度重视和切实加强文物宣传工作队伍建设，为做好工作提供坚强的组织保证。

当前，文物宣传工作要全面落实全国宣传思想工作会议的部署，结合各地区文物工作的实际，真正做到以科学的理论武装人、以正确的舆论引导人、以高尚的精神塑造人、以优秀的作品鼓舞人，充分发挥宣传工作在文物事业中的积极作用。

第二部分　关于文物博物馆教育培训工作

国家文物局在2002年召开的全国文物工作会议上，把加强文物博物馆干部培训列为文物工作的四项重点基础工作之一，提出大力开展教育培训，逐步实施资格认定、持证上岗制度，造就一支思想好、作风硬、业务精、管理强的文物博物馆干部队伍目标和任务。全国文物系统积极行动起来，采取多种措施，努力把文物博物馆教育培训工作落到实处。

一、近年来文物博物馆教育培训工作所取得的成绩和存在的问题

2000年，国家文物局在安徽省合肥市召开了全国文物科技教育工作座谈会，制定了《全国文物、博物馆事业教育培训工作“十五”规划》。2003年年初，国家文物局在上海召开了文物博物馆教育培

训工作座谈会，进一步统一了思想，明确了任务。全国文物系统和高等院校文物博物馆院系加强合作，开拓进取，在教育培训工作中取得了显著成绩，主要表现在以下几个方面。

（1）文物博物馆管理干部的岗位培训初具规模。2000 年国家文物局颁布了博物馆馆长专业任职资格条件，并在北京大学举办了全国省级博物馆管理骨干高级研讨班。2003 年，国家文物局通过招标方式确定北京大学、复旦大学、南开大学、四川大学、西北大学和中国文物研究所作为承办单位，举办了全国省级文物局局长、博物馆馆长、文物考古所所长、古建所所长专业管理干部培训班，培养了一批高级管理干部。

在 2003 年年底召开的全国文物局长会议上，国家文物局向 30 个省、自治区、直辖市和计划单列市的 95 位同志颁发了岗位资格证书。按照国务院办公厅转发的《关于加强我国世界文化遗产保护管理工作的意见》要求，举办了高句丽遗址地区文物博物馆管理干部和业务人员培训班、世界文化遗产保护管理机构负责人培训班。

2000 年以来，国家文物局直接培训省级文物机构管理干部 400 多人次，提高了他们的领导能力和管理水平。

（2）各类专业技术培训收到实效。近几年来，国家文物局依托有关省市文物部门和高等院校，结合文物博物馆业务的实际，陆续举办了古建筑维修，考古发掘，文物保护规划，文物出境鉴定，文物安全保卫，博物馆藏品定级，馆藏书画、纺织品、古家具、青铜器、石质文物等保护修复专业技术培训班，培养了一批高水平的专业技术骨干。

（3）各地区、各高等院校的培训活动方兴未艾。各地文物部门把教育培训作为一项重要工作来抓。上海市文物管理委员会成立了干部培训工作领导小组，制定全员培训规划，加大经费投入，近5年培训人员占全员总数的75%。各地文物部门在以不同形式开展短期培训的同时，加强了与高等院校的联系，依托高等院校优势，走联合办学道路。北京、河北、山西、黑龙江、江苏、安徽、江西、山东、河南、湖南、重庆、陕西、甘肃等省市文物部门都与有关高等院校联合办学，选送干部到高等院校参加大专、“专升本”“本升研”的学历教育，取得显著成效。江苏省文物局还同南京大学、东南大学联合建立考古培训基地和古建筑保护维修培训基地。

（4）中外合作培训项目取得进展。近几年来，国家文物局与联合国教科文组织等国际组织和意大利、法国、美国、澳大利亚等国家进行了富有成效的合作培训，同时也在为其他国家培养文物博物馆人才方面进行了有益尝试。从2001年开始，先后选派10人参加美国梅隆基金会资助的赴美博物馆高级管理人员培训项目。我国是国际文化财产保护与修复研究中心（ICCROM）的理事国，陆续输送28位文物博物馆专业人员参加了该中心的培训。2003年国家文物局、中央美术学院与法国遗产学院合作举办中国博物馆高级管理人员培训班。2003年至2004年，中国、意大利两国政府在中国文物研究所合作举办文物保护修复培训班，还派员参加了赴澳大利亚、日本举办的信息化管理和文物保护培训班。2004年，国家文物局委托中国文物研究所举办了非洲国家文物保护技术与管理培训班。以上这些培训，对促进中外文化交流合作具有积极意义。

（5）培训基地办学条件得到改善。1998年，国家文物局与北京大学联合办学，成立中国文物博物馆学院（北京大学考古文博学院）。新建教学楼于2003年落成并投入使用，改善了该学院办学条件。中国文物研究所培训中心的基础建设得到了改善。一些省市也加强了文物博物馆培训基地建设。这些都为加强文物博物馆教育培训工作奠定了良好的基础。

北京大学考古文博学院

（6）西部地区和少数民族地区文物干部培训工作逐步加强。2004 年，国家文物局在西藏举办了藏族文物建档工作培训班，在青海省举办了西部地区文物博物馆管理干部培训班。近年来国家文物局举办的各类培训班对西部地区和少数民族地区学员实行减免费用的倾斜政策，促进了西部和少数民族地区文物博物馆人才的培养工作。

（7）培训教材编辑出版工作显现成果。国家文物局组织修订再版了《中国青铜器》等六种系列文物教材，编印了《全国省级博物馆管理骨干高级研讨班论文集（2000 年）》《首届全国省级古建所所长专业管理干部培训班讲义》《古代纺织品保护概论》等教学资料。

总之，文物博物馆教育培训工作已经取得很大成绩，据统计，近五年来全国已经培训文物博物馆人员一万多人次，有力地提高了干部队伍素质，为推动文物事业的改革和发展发挥了重要作用。

同时我们也应该看到，教育培训工作与文物事业的改革和发展还存在一些不适应的问题，主要表现在思想认识不够统一、培训机制不够完善、教学内容不够规范、培训经费不够到位等，需要在今后的实践中不断研究改进。

回顾近年来的文物博物馆教育培训工作，我们的体会是：

（1）必须坚持科学发展观，树立“人才资源是第一资源”的观念，保证文物博物馆教育培训工作的正确方向；

（2）必须坚决贯彻文物工作方针，紧紧围绕文物事业改革和发展大局，研究探讨新时期新形势下文物工作遇到的新情况新问题，使文物博物馆教育培训工作更具针对性、实效性；

（3）必须坚持与时俱进、开拓创新，不断探索新体制和新机制，开辟多渠道、多形式，统筹利用各种培训资源，充分调动各方面的积极性，使文物博物馆教育培训工作充满生机和活力；

（4）必须坚持放宽视野，加强与各国政府及国际组织的交往和联系，拓展中外文物博物馆教育培训工作的合作途径，使我们的工作逐步达到国际先进水平；

（5）必须坚持学以致用的原则，发扬求真务实精神，科学设置培训课程，立足于提高文物博物馆干部队伍的整体素质和能力，为文物事业的改革和发展提供智力支持和人才保证。

二、提高思想认识，增强做好文物博物馆培训工作的责任感和紧迫感

加强教育培训工作是文物事业的一项重要基础工作，我们必须

进一步提高认识，增强做好这项工作的责任感和紧迫感。

第一，加强文物博物馆教育培训工作，是树立和落实科学发展观，推进文物事业改革和发展的重要举措。实现全面建设小康社会宏伟目标，推进文物事业的发展，迫切需要培养造就一支具有较高政治素质、业务素质和管理能力的干部队伍。我们要把教育培训工作作为加快文物事业发展的一项战略性、基础性的任务来谋划，采取切实有效的措施来落实。通过教育培训工作，引导文物工作者特别是各级领导干部树立科学发展观，自觉把加强执政能力建设融于文物事业各项工作中去，在思想理论水平、战略决策能力、依法执政能力、专门业务知识、解决问题的本领等方面都有较大的提高。

第二，加强文物博物馆教育培训工作，是我们应对新时期新形势的机遇和挑战，加强干部队伍建设的内在要求。当前文物事业处于改革和发展的关键时期，也给干部队伍建设提出了新课题。在全国文物机构从业人员中，高级专业技术人员只占 4.5%，中级专业技术人员只占 13%，显现出人才总量、专业结构和整体素质不能适应发展需要的问题。解决这些问题，一方面要积极创造条件，引进各类人才，改善队伍结构；另一方面，要树立大教育、大培训的观念，全面促进干部整体素质的提高，使干部在各自的岗位上能够更好地履行职责，紧跟时代步伐，创一流工作业绩。

第三，加强文物博物馆教育培训工作，是落实关于大规模培训干部的部署，开创工作新局面的紧迫任务。我们要按照要求来规划、组织、实施，放开视野看教育，集中力量抓培训，充分发挥各种培训资源的效能，不断创新工作机制，提高培训质量，扩大培训规模，完善培训制度，以对事业高度负责的精神切实把这项工作抓紧抓好，抓出成效。

三、进一步明确指导思想、主要任务和基本要求，扎扎实实地做好文物博物馆教育培训工作

今后一个时期文物博物馆教育培训工作的指导思想是，以加强能力建设为重点，以提高队伍素质为核心，努力形成多层次、多渠道、大规模的文物博物馆教育培训工作新格局，为文物事业的改革发展提供人才保证和智力支持。

当前文物博物馆教育培训工作的主要任务有以下几点。

（1）加强管理干部岗位培训。以各级文物机构领导干部为重点，组织好管理干部培训工作。国家文物局将继续办好省级文物局局长、博物馆馆长、文物考古所所长、古建所所长培训班，每年培训管理干部120人次。同时举办世界文化遗产地保护管理机构负责人培训班和地市级文物局局长示范培训班。各级文物行政部门要统筹规划，每年安排五分之一左右的在职领导干部参加脱产培训，确保五年内把全国县级以上文物机构负责人普遍轮训一遍，组织他们学习履行岗位职责所必需的专业知识。结合教育培训工作，大力推行领导干部持证上岗制度，对参加专业管理培训并取得结业证书的，发给岗位资格证书。今后，凡在文物机构领导岗位任职的人员，都应参加培训，获得岗位资格证书。

（2）加强文物博物馆专业技术培训。继续办好各类专业技术培训班，组织专业技术人员学习本专业的新理论、新技术，学习国内外文物保护和博物馆工作的先进理念和方法，及时掌握本学科最新的研究成果，开阔视野，更新观念，提高业务水平。

（3）加强在职人员的学历教育。要创造条件，通过“专升本”、进修研究生等形式，拓宽文物工作者接受学历教育、提高自身素质的途径。在“十一五”期间，努力使具有大学本科以上学历人员占

文物系统从业人员总数的 25% 以上。积极鼓励专业技术人员在文物博物馆业务和学术研究中脱颖而出，努力形成一支具有全国乃至国际影响的中青年学术带头人队伍。

（4）加强文物保护传统技艺的培训。通过“馆校结合”“师承制”等形式，使各种文物保护传统技艺得到传承和发展。在有条件的地区和单位开展“师承制”试点工作，为老专家、老技师配备助手，给予人力、财力与物力支持，抢救传统技艺，总结经验成果。

（5）加强西部和少数民族地区的教育培训。根据西部和少数民族地区文物工作的实际需求，有针对性地举办各类培训班和研讨会，采取多种形式加强东西部地区文物博物馆干部的交流与沟通。在政策、经费等方面采取倾斜措施，加大对西部和少数民族地区文物博物馆干部培训的支持力度。

（6）加强国际培训项目的交流与合作。进一步密切与国外文物博物馆机构的交流与合作，积极创造条件，有计划地派遣文物博物馆业务骨干赴国外进修、深造；同时邀请外国专家来华讲学，办好中外合作培训班，使文物工作者能够及时地学习到国外文物保护先进理念和科学技术，推进文物保护管理和文物科技工作的跨越式发展。

四、充分利用和合理配置培训资源，努力提高文物博物馆教育培训工作的水平

做好新形势下的文物博物馆教育培训工作，必须加强基础设施建设，合理配置资源，充分发挥社会各方面的积极性，促进整体培训能力和培训质量的提高。

一是抓好培训基地建设。国家文物局将继续与北京大学等高等

院校和科研院所合作，发挥这些单位的教学和科研优势。通过今后两年的实践，在科学评估、认真总结经验的基础上，选择一批基础好、质量高的单位作为文物博物馆教育培训基地，逐步构建布局合理、功能完备、特色鲜明、优势互补的教育培训基地网络。

二是抓好师资队伍建设。要建立一支高校教师、高级专业技术骨干、高级行政管理干部相结合的师资队伍，建立相应的教师资源库。对这支队伍既要保持相对稳定，又要实行动态管理，确保培训质量和实效。

三是抓好培训大纲和教材编撰工作。国家文物局将在广泛征求意见的基础上，组织编制文物博物馆管理干部培训大纲。各级文物行政部门要参照大纲的要求，不断提高培训的质量。同时，国家文物局将组织编写系列教材，适应文物博物馆管理干部培训的需要，努力使文物博物馆教育培训工作规范化、科学化。

五、切实加强领导，把文物博物馆教育培训工作落到实处

第一，要落实目标责任。各级文物行政部门要把文物博物馆教育培训工作摆上重要日程，切实加强领导。按照分级管理、分级培训的原则，国家文物局主要负责省级文物机构和世界文化遗产管理机构负责人和专业技术骨干的培训，各省、自治区、直辖市要安排好地、市、县级文物机构领导干部的培训，各单位要有计划地组织好本单位干部职工的学习培训。我们衷心感谢各高等院校文物博物馆院系近年来对文物博物馆教育培训工作的支持和帮助，同时也希望大家继续发挥优势，充分挖掘潜力，合理利用资源，支持我们做好教育培训工作。

第二，要加强宏观指导。这次会议印发《关于进一步加强文博

教育培训工作的意见》（征求意见稿），提请大家讨论修改，共同制定好这一加强文物博物馆教育培训工作的指导性文件。要积极推进岗位培训与任职资格挂钩制度，建立干部培训档案和培训证书登记制度。加强对教育培训工作的考核评估，追踪稳效，并通过评比表彰、经验交流，促进文物博物馆教育培训工作整体水平的提高。

第三，要坚持改革创新。要在培训理念上创新，树立以人为本、因材施教的理念，增强培训的针对性和实效性；要在培训内容上创新，按照提高政治素质、管理水平和业务能力的要求，科学设置培训内容，使培训对象学习到最需要补充的知识；要在培训方式上创新，适应培训对象的不同需求和特点，积极运用研究式、体验式、案例式教学方法，组织学员论坛，提高培训对象的参与程度，增强教学的吸引力和感染力；要在培训管理上创新，既要保证培训质量，又要兼顾培训效益；充分利用各种培训资源，借鉴市场运作机制，继续采用招标方式确定培训单位，实行项目管理。

第四，要加大培训投入。国家文物局将继续加大对教育培训经费的投入，并逐步探索建立以国家投入为主，单位和个人共同投入的机制，积极吸引国外机构和资金进入文物博物馆教育培训领域。各地也要积极开辟经费渠道，争取多方支持，努力为文物博物馆教育培训工作创造更好的条件。

文物事业的改革与发展正处于关键时期，文物宣传教育工作面临着难得的机遇和广阔的前景。我们一定要树立和落实科学发展观，抓住机遇，迎接挑战，开拓进取，求实创新，努力开创文物宣传教育工作新局面。

在全国省级考古研究所所长专业管理干部培训班结业典礼上的讲话

（2004年11月23日）

第二期全国省级文物考古研究所所长专业管理干部培训班今天圆满结业。

在2004年即将结束的时候，和同学们一起分享学有所成、满载而归的快乐，是一件极有意义的事情。今年，是我国文物博物馆事业不断繁荣、各项基础工作不断向前推进的一年，是文物博物馆人才积极涌现、优秀考古成果层出不穷的一年。大家在各自岗位上开拓创新，不断进取，为我国文物博物馆事业的发展作出了重要贡献。与此同时，大家还抽出时间积极参加学习，更新知识，加强储备，继续保持谦虚谨慎、刻苦钻研的精神，体现了新时期文物工作者的良好风貌和品质。大家在培训期间取得的丰硕学习成果和相互间建立的深厚友谊对各自今后的工作也将大有益处。

人才培养是我国文物博物馆事业的基础工作。我们要通过在文物博物馆系统逐步建立资格认定、持证上岗制度，努力造就一支思想好、作风硬、业务精、管理强的文物博物馆干部队伍，推动文物博物馆事业健康、持续、快速地发展。近年来，在全国人才工作有利发展的推动下，我们连续举办文物博物馆系统省级专业管理干部培训班，并在10月25日召开全国文物宣传教育工作会议，总结交流了文物博物馆教育培训工作的经验，进一步明确了今后文物博物馆教育培训工作的指导思想、主要任务和基本要求，努力形成多层次、多渠道、大规模的文物博物馆教育培训工作新格局，为文物事业的改革发展提供人才保证和智力支持。

四十多天充实而艰苦的学习即将结束。我非常理解大家急切地想把所学到的新知识、新方法、新思路投入到考古发掘和管理的工作实践当中去的心情。在预祝各位返程愉快之际，我想提几点要求，希望大家在今后的工作当中，立足根本、把握全局、学好本领、真抓实干，促进我国文物博物馆事业的全面、协调、可持续发展。

一是加强法制观念，提高管理水平。2002 年 10 月，新修订的《文物保护法》公布实施，2003 年 7 月，《文物保护法实施条例》正式实施，形成指导我们文物考古工作的基本法律框架，各级政府也制定了相应的管理条例、规章、制度。可以说，我们文物考古工作依法保护、依法管理的法制环境有了极大改善，这也对我们文物考古工作提出了更高的要求。在实际工作中要提高法律意识，遵守法律规定，以法律手段规范文物考古工作，严格执行考古发掘报批制度，正人先正己，以身作则，起好带头作用。同时，各级考古研究所的管理者，要学会用先进的管理手段把我们的各项工作制度化、规范化。希望大家在事业单位改革的大形势下，认真思考，积极探索省级文物考古研究所改革的新思路，找准定位，不断适应外部环境，制定合理的战略目标，建立合理的组织结构，进行有效的人力资源开发，加强绩效激励，实现团队管理，改善财务状况，有效地实现管理的计划、组织、领导、控制职能，通过对现有资源的优化配置，树立各文物考古研究单位的竞争优势，实现文物考古研究事业发展的组织目标。

二是做好基础工作，突出重点工作。目前，有些地方热衷于对古墓葬、古遗址的主动发掘，有些地方因为配合高速发展的基础设施建设而忙于抢救性发掘，一些基础的档案、资料整理研究相对滞后，一些新的考古发掘项目出不来学术成果，希望引起大家的重视。各省级文物考古研究所是本省文物考古人才集中的地方，是各省开展文物考古工作必须依靠的力量。希望大家在今后工作中，要自觉贯彻文物工作方针，转变思想观念，不能将本所的工作仅仅局限在单纯的考古发掘和研究上，而要积极地组织开展文物调查，并在文物保护单位“四有”、大遗址保护等基础工作中发挥不可替代的作用。要抓紧考古发掘资料的整理和报告出版工作，加快考古成果向社会的转化，为文物的宣传、保护、利用提供科学的依据。在做好基础工作的同时，各省级文物考古研究所也可根据考古学科发展、当地经济建设形势和本所队伍建设的需要，有选择、有计划地开展一些重点课题项目。例如，东三省近几年结合高句丽遗址、渤海国遗址的保护利用，可重点解决高句丽、渤海国的有关学术问题；陕西、

集安高句丽遗址

山西、内蒙古三省区为配合西部开发，近几年开展的河套地区的考古调查、发掘和研究工作；新疆可伴随着丝绸之路新疆段工程的开展，整理出几个重点课题项目，并力争在重点建设工程进行的考古工作中完成。关键是要有课题思想，在工作中解决课题。

三是强化学习风气，促进知识更新。21 世纪是知识经济时代，随着各种新知识的不断产生、新技术的不断运用、新方法的不断推广，随着研究领域的不断拓展，一些新的文物考古研究的课题也不断涌现，这对我们文物工作者提出了更新、更高的要求。我们只有永远保持谦虚谨慎的作风，不断学习各种新知识，增长才干，才能适应时代发展的新变化，不断推进文物事业向前发展。我们要把在北京大学文博学院学到的严谨的治学态度、刻苦认真的学习风气带回去，带动全所同志在工作当中始终保持乐于学习、善于学习的积极心态，做一个学而不厌的文物工作者。要充分利用现今各种有利条件，加强互相交流，提倡合作研究，学习和引进国内外其他单位先进的考古学方法和技术，加快知识更新的步伐，提高文物考古保护、研究的水平。

关于在各级行政学院开设文化遗产保护课程的提案[①]

（2005 年 3 月）

我国是世界四大文明古国之一，我们祖先留下了博大精深的文化遗产。根据文物普查表明，我国现有不可移动文物 40 万处，其中全国重点文物保护单位 1271 处，省、自治区、直辖市级文物保护单位 7000 余处，地、市、县级文物保护单位 60000 余处；有 22 处世界文化遗产和 4 处世界文化与自然混合遗产。各类博物馆 2200 多座，国有馆藏文物 1200 多万件。这些都是发展先进文化、创造美好生活、构建和谐社会的宝贵资源。

国家重视文物保护工作，制定了“保护为主、抢救第一、合理利用、加强管理”的文物工作方针；2002 年 10 月 28 日，九届全国人大常委会第三十次会议通过了新修订的《中华人民共和国文物保护法》。随着我国综合国力的提高，国家逐步加大了对文物保护工作的投入，为文物事业的发展提供了有力的经济基础；各级政府和人民群众文物保护意识的增强，为文物事业的发展创造了良好的社会条件，涌现出陕西省眉县杨家村农民主动报告出土的重要青铜器窖藏、贵州省黎平县地坪乡群众自发抢救被特大山洪冲垮的全国

---

① 此文为在全国政协十届三次会议上的提案，联名提案人：樊锦诗　刘庆柱　苏士澍　陈漱渝　王洪华　舒乙　姚珠珠　王巨才　边发吉　夏燕月　李燕　吴雁泽　李致忠　王铁城　杨伟光　马博敏　艾青春　潘震宙　吴祖强　赵汝蘅　高占祥　滕矢初　吴贻弓　潘虹　董良翚　阿拉泰　敖德木勒　李谷一　张会军　王馥荔　黄宏　徐庆平　张文彬　冯骥才　陈晓光　姜昆　李双江　陈建功　陈燮阳　李延声。

重点文物保护单位地坪风雨桥等一大批感人事迹。许多地方在工业化和城市化的进程中，注意加强文物保护工作，深入发掘城市的文化内涵，树立城市的文明形象，为人民生活创造了更加美好的人文环境。

同时，我们也应当看到，当前破坏历史文化名城风貌、损毁文物建筑、破坏文物原生环境、侵蚀历史文化遗址的现象仍屡有发生；无限制地开发和破坏性地过度使用文物资源，也使一部分文物的安全面临威胁。尤其令人痛心的是，一些领导干部不了解《文物保护法》和国家的文物工作方针政策，不重视文物保护工作在国家经济和社会发展中的重要作用，不按文物工作的客观规律办事，片面强调经济效益和当前利益，一味追求所谓政绩工程，随意改变文物管理体制，严重背离了科学发展观的要求，对文物事业和广大人民群众的根本利益、长远利益造成了无可挽回的损失，甚至法人违法，破坏文物的现象屡禁不止,在文物违法案件中占据了相当大的比重，在人民群众中也造成了极坏的影响。

文物是不可再生的宝贵资源，一旦损毁就会带来无可挽回的损失，给子孙后代留下永远的遗憾。在经济、科技迅速发展，人类文明不断进步的今天，文物保护工作在社会生活中的地位和作用越来越突出。保护文物，使之传承子孙是我们每一个人的神圣职责，各级政府应当承担保护文物的主要责任。做好文物保护工作，关键在于提高领导干部的文物保护意识，正确发挥政府的职能作用，按照科学发展观的要求，坚持以人为本，从广大民众根本利益出发，围绕经济建设中心大力做好文物保护工作，把我们祖先留下的珍贵文化遗产保护好，千秋万代传承下去，让经济社会全面、协调、可持续发展的成果惠及全体人民。

提高领导干部的文物保护意识，一方面要加大文物保护工作的宣传力度，使文物保护的思想、理念深入人心，另一方面，需要领导干部能够在实践中不断加强对文物保护法规政策的学习和把握，同时，较为全面、系统的学习培训也是十分必要和重要的环节。行政学院是全面培养、造就干部的重要途径，建议将文化遗产保护课程列入各级行政学院干部培训课程，通过编印相关教材，聘请专家讲课，帮助领导干部增强文化遗产保护的法制意识，树立和落实科学发展观，促进科学执政、民主执政、依法执政，使文物资源得到切实保护和合理利用，民族精神得到弘扬，在经济发展、文化繁荣、社会进步中构建社会主义和谐社会。

关于加强少数民族地区文物保护人才培养的提案[1]

（2005 年 3 月）

在祖国大地上，各族人民共同缔造了历史悠久、绚丽多彩的中华文化，少数民族文化遗产是辉煌灿烂的中华民族文化遗产的重要组成部分，也是我国各族民众共同拥有的文化财富和宝贵资源。在我国各少数民族地区，保存着类型丰富、数量众多、独具特色的民族文化遗产，保护好、传承好少数民族文化遗产，有利于增进民族团结，维护祖国统一，促进和谐发展。

目前，少数民族文化遗产保护面临的一个亟待解决的问题，就是保护人才队伍建设远远落后于发达地区，与少数民族文化遗产保护任务和经济社会发展要求不相适应。少数民族自治地区占我国国土面积的 64%，其中内蒙古、新疆、广西、宁夏、西藏等 5 个自治区，就占我国国土面积的 46%，但是以上五个自治区的文物保护机构从业人员，只占全国文物保护机构从业人员总数的 6%；具有专业技术职务从业人员，只占全国专业技术职务从业人员总数的 9%；具有本科及本科以上学历的从业人员，只占全国同类人员总数的 8%。

近年来，国家文物部门不断加大少数民族地区文物博物馆人才

① 此文为在全国政协十一届三次会议上的提案，联名提案人：郁钧剑 田青 仲呈祥 杨一奔 张和平 杜滋龄 孟广禄 宋春丽 王川平 张廷皓 杨力舟 詹祥生 张柏 夏燕月 姜昆 高延青 耿其昌 龙瑞 陈祖芬 吕章申 吴祖强 冯英 刘庆柱 陈力 席强 尼玛泽仁 刘敏 安家瑶 赵维绥 丹增 韩书力 余辉 王霞 王书平 张海 董良翚 阿拉泰 苏士澍 樊锦诗 侯露 郭瓦加毛吉。

培养力度，连续举办省级和地市级文物博物馆干部和全国重点文物保护单位负责人培训班，基本实现了少数民族地区地市级以上文物博物馆干部轮训一遍的目标。同时，在各类专业技术培养项目中，在经费和培训名额上，向少数民族地区倾斜，积极吸收少数民族地区文物博物馆干部和专业技术人员参加，并且有针对性地开展西藏文物保护工程人员培训、新疆坎儿井文物保护培训等具有民族特点和地方特点的文物保护专项培训，有力地支持了少数民族地区文物博物馆人才队伍建设，促进了少数民族地区文化遗产事业的发展。但是，少数民族地区文物博物馆队伍的整体结构和水平，依然需要进一步完善和提高。

当前，我国少数民族经济、社会发展进入了一个新的历史阶段，也为文化遗产保护提供了前所未有的发展机遇，少数民族地区加强文化遗产保护,加快民族博物馆建设的呼声日益强烈,步伐明显加快。在这一形势下，文物保护人才短缺，已经成为少数民族地区文物博物馆事业发展必须跨越的门槛，因此，要从战略和全局的高度充分认识加强少数民族地区文物保护人才培养的重要性,制定相关政策、采取切实措施，尽快加以解决。为此建议如下。

（1）在全日制高等院校招生计划中，适当提高文物博物馆相关专业在少数民族地区的招生名额，创造条件扩大这些专业在少数民族地区定向招生比例。

（2）加强少数民族地区在职高等学历教育。鼓励各少数民族自治区与内地高等院校开展联合办学，举办专门针对少数民族地区文物博物馆干部的文物保护相关专业的专升本、本科、研究生学历班。同时，教育部门在招生、教学、学位授予等方面给予政策性照顾。

（3）加强少数民族地区高等院校文物博物馆专业建设。目前，全国文物博物馆高等教育主要集中在中部和东部地区，少数民族地区只有极少数高等院校设有文物、考古、博物馆专业，只占设有相关专业的 47 所高等院校的 4%。提高少数民族地区文化遗产保护工作水平，必须加强少数民族地区高等院校相关专业学科建设，充分利用当地高等院校资源培养专业技术人员。应积极创造条件，争取每个少数民族自治区都要有一所以上高等院校开设文物、考古、博物馆专业。教育部门要在办学条件、学科建设等方面给予大力支持。

（4）加大少数民族地区在职文物保护人员业务培训力度。针对少数民族文化遗产保护工作和民族地区文物保护从业人员专业结构特点，举办少数民族文物保护专项培训。争取在少数民族相对集中的西北、西南地区，依托高等院校各建立一座少数民族文物保护培训中心，以加强相关区域少数民族文物保护研究和专业人才培养工作，发挥辐射带动作用，形成少数民族地区文物保护人才培养的长效机制。

在考古工作人员训练班50周年纪念座谈会上的讲话

（2005年10月26日）

今年，是有中国考古“黄埔四期”美誉的考古工作人员训练班举办50周年。国家文物局、中国社科院考古研究所、北京大学、中国文物报社、中国考古学会、中国文物学会、河南省文物局将举办一系列的纪念活动，今天这个专题座谈会是纪念活动的一部分。在座的先生中，有当年的教师和辅导员，也有学员代表，大家欢聚一堂，重温那段充满激情、令人难忘的时光。首先请允许我代表国家文物局向各位先生表示崇高的敬意和热烈的欢迎。

20世纪20年代，近代考古学传入中国。考古学的初创时期，从事考古工作的人员不过寥寥数十人，他们在极为艰苦的条件下开展了一些考古发掘和研究工作。1949年新中国成立后，百废待兴，国家有计划地进行大规模基本建设。为了适应经济建设的发展，解决当时考古力量薄弱和专业人员极度缺乏的问题，在1952—1955年四年间，由当时的文化部社会文化事业管理局（国家文物局前身）、中国科学院考古研究所（中国社会科学院考古研究所前身）、北京大学历史系考古专业（北京大学考古文博学院前身）联合举办了四期考古工作人员训练班。抽调全国各大区、各省市文管会、博物馆干部参加，共有346名学员接受了系统的文物考古培训。著名考古学家夏鼐、裴文中、向达、郭宝钧、苏秉琦、宿白、安志敏、王仲殊、石兴邦等先生参与了训练班的组织领导和教学工作。

通过举办四期考古工作人员训练班，为文物事业培养了大批业务骨干，缓解了专业人员紧缺的状况，为在全国大范围开展大规模考古工作打下了良好基础，也为当时的学校教育和文物博物馆专业技术人才培训提供了良好的教学范例。

这四批学员是新中国第一批接受系统考古训练的工作人员。他们肩负着中国考古学的希望，奔向祖国各地的考古“战场”，在配合基本建设的抢救性考古发掘工作中发挥了重要作用。新中国成立后的近20年间，这四期训练班学员是中国考古工作的骨干力量，勤勉扎实的学风以及丰硕的学术成果使他们中的许多人成为蜚声中外的一流专家学者。20世纪80年代以后，他们陆续从工作岗位上退下来，但是许多先生直到今天还在文物博物馆战线上继续发挥着余热。在他们的言传身教中，许多年轻人迅速成长，挑起了学术研究的大梁。50年过去了，培训班的教员们已成为中国考古学界的泰斗，而这四期训练班学员也因严谨求实的科学态度、吃苦耐劳的优良作风、爱岗敬业的职业操守赢得了中国考古“黄埔四期”的美誉。他们为中国文物考古事业的发展奉献了自己青春和热血，在中国文物保护史上谱写了光辉的一页。可以说，这四期训练班学员见证了新中国文物考古事业辉煌的发展历程。

今天，我们举办这个纪念活动，就是为了继承和弘扬考古训练班学员们的奉献精神。在老一辈考古学家的教导和传承下，训练班的学员们在当时非常艰苦和复杂的条件下，从事文物考古工作，逐渐形成了我国考古队伍爱岗敬业、艰苦奋斗、开拓创新、安贫乐道、严谨求实的光荣传统和良好作风、学风，并且通过他们的言传身教，代代相传。

50年来，中国文物考古专业技术人才的培养工作以四期考古工作人员训练班为基础，获得了长足的发展和进步，专业人员培训和学科教学规模不断扩大。目前，全国文物博物馆从业人员总数已达6.5万人。北京大学、吉林大学等十多所高等院校设立了考古专业，每年为国家培养出了众多高层次专业人才。逐渐形成了考古学科老中青结合的学术梯队。最近两年，配合学校教育，国家文物局陆续举办了文物局局长、考古所所长、博物馆馆长、古建所所长和田野考古等一系列培训班，受到业内的关注。今后国家文物局还要继续举办多种形式的培训班、研讨班，实施人才培训计划，进一步推动在岗培训，以建立一支思想好、作风硬、业务精，具有团队意识，适应现代学科发展要求的高素质人才队伍，推动学科进步。

21世纪中国经济建设迅猛发展，伴随着南水北调工程等大型基本建设项目的上马以及城镇化进程的加快，考古工作面临着新的挑战和机遇。坚持“保护为主、抢救第一、合理利用、加强管理”的文物工作方针，做好重点建设工程中的考古和文物保护工作是我们当前和今后相当长时间内的中心任务。目前，全国各地考古研究单位已经基本完成了主要业务人员的新老交替。弘扬考古界的优良传统，进一步加强队伍建设和人才培养，建设一支兼具优良作风和现代化学术素养的研究队伍是文物考古事业持续发展的关键。

在新的世纪里，我们应该继承和发扬老一辈考古学家艰苦奋斗、默默奉献的优良作风和谦虚谨慎、严谨求实的传统学风，抓住机遇，迎接挑战，扎实工作，将中国文物考古事业不断向前推进。

关于在高等院校中增设文化遗产保护专业和课程的提案①

（2006 年 3 月）

我国是世界著名的文明古国，有着悠久的历史和丰富的文化遗产。加强文化遗产保护，是建设社会主义先进文化，贯彻落实科学发展观和构建社会主义和谐社会的必然要求。“人才战略是第一战略”，人才资源作为最富活力的“第一资源”，已成为我国各项事业发展的坚强保证和智力支持。能否建设一支体系完备、结构合理、素质优良的工作队伍，是关系到文化遗产保护事业兴衰成败的关键所在。

高等院校作为培养高端人才的主要途径，在文化遗产保护教育工作中可谓重中之重。当前，我国已有 20 余所高等院校设立了考古学、博物馆学等专业，培养大专、本科、硕士和博士等各个层次的专业人员，向文物系统输送了大批优秀人才，成为文化遗产保护事业的中坚力量。

但是，目前高等院校中文化遗产保护教育力量仍很薄弱，还远远不能满足文化遗产保护事业发展的迫切需要。主要表现在：文化遗产保护普及教育差，相关公共课程和选修课很少；设立文化遗产

① 此文为在全国政协十届四次会议上的提案，联名提案人：姚珠珠 龙瑞 李延声 李羚 莫德格玛 袁熙坤 张文彬 夏燕月 安家瑶 樊锦诗 苏士澍 周天游 陈湫渝 盖山林 鲍国安 王馥荔 敖德木勒 白淑湘 李双江 叶惠贤 董良翚 吴雁泽 李谷一 徐庆平 赵喜明 阿拉泰 张贤亮 王兴东 盛中国 张平 李致忠 赵汝蘅 陈燮阳 冯小宁 张会军 韩美林 黄宏 罗天婵 赵青。

保护专业的高等院校数量偏少，在我国现有高等院校中只占极小比例；文化遗产保护专业设置存在结构性缺陷，考古专业和博物馆专业基础较好，而文物保护科技、传统建筑保护维修和文化遗产保护理论方面的专业寥寥无几，师资力量极为匮乏，缺乏培养造就文化遗产保护复合型人才的高等教育专业；高等院校中与文化遗产保护密切相关的其他专业对有关文化遗产保护的教学科研工作缺乏重视；高等院校与文化遗产保护部门和科研机构合作开展相关教学科研工作仍显不足。

高等院校在文化遗产保护教育方面存在的上述问题导致高等院校学生的文化遗产保护意识不强，对祖国传统文化缺乏亲切感和认同感，综合素质存在缺失；文化遗产保护领域尤其是文物保护科技、传统建筑维修等方面的专业人才严重匮乏，从业人员专业结构趋同，知识结构和年龄结构不合理，行业发展缺乏系统理论支撑；相关领域的研究成果难以及时体现和应用到文化遗产保护实践。人才的匮乏和智力支持的不足已经严重影响了我国文化遗产保护工作的进一步推进，成为制约事业发展的一个“瓶颈”。

2005年12月，国务院印发了《国务院关于加强文化遗产保护的通知》，明确要求：“加强文化遗产保护管理机构和专业队伍建设，大力培养文化遗产保护和管理所需的各类专门人才。加强文化遗产保护科技的研究、运用和推广，努力提高文化遗产保护工作水平。”

从加强高等院校的文化遗产保护教育入手，宣传普及文化遗产保护知识和理念，丰富和完善有关文化遗产保护的专业设置，促进相关专业中有关文化遗产保护的教学科研工作，密切高等院校与有关部门和科研单位在文化遗产保护教育科研方面的合作，将对贯彻落实《国务院关于加强文化遗产保护的通知》精神和要求，全面提升我国文化遗产保护的整体水平具有战略性意义。为此，提出以下建议。

（1）在各个高等院校开设文化遗产保护公共课程和选修课程，以多种形式向在校学生宣传和普及文化遗产保护知识和理念。

（2）鼓励和引导一些具备条件的高等院校增设文化遗产保护的有关专业，重点加强“传统建筑保护”“文物保护科技”等专业或专业方向的建设。

（3）整合现有的院系或专业设置，在具备条件的综合性大学设置综合性文化遗产保护院系或专业，内容涵盖考古学、博物馆学、文物保护科技、传统建筑保护、文化遗产保护理论等专业内容，将人文科学与自然科学和工程技术相结合，以培养复合型文化遗产保护人才。

（4）文化遗产涉及人类经济社会发展的方方面面，与诸多学科有着广泛和密切的联系，具有工程技术科学、人文社会科学、自然科学交叉融合，应用研究、基础研究、软科学研究交互展开的特点，边缘科学研究的发展前景十分广阔。在人们对文化遗产的认识逐步深化，文化遗产领域不断扩大的背景下，文化遗产保护规划、文化景观、文化线路、航空考古、水下考古、大遗址保护等新兴的文化遗产保护研究方向成效显著，迫切需要加强相关专业领域的人才培养和科研工作。为此要大力推进高等院校中城市规划、历史地理、古生物学和遥感测绘等与文化遗产保护密切相关的专业院系中涉及文化遗产保护的教学科研工作，设置文化遗产保护课程，促进相关理论和科学技术研究成果转化和应用于文化遗产保护工作实践。

（5）加强高等院校和文化遗产保护有关部门、科研单位在教学科研方面的密切联系和合作，有效整合各方面的优势资源，建立文化遗产保护的专业人才培训基地和科研平台。根据文化遗产保护工作的实际需要,对相关从业人员提供不同层次和形式的教育培训，支持和鼓励高等院校与有关科研院所和有条件的博物馆联合设立硕士、博士研究生点和博士后流动站。

关于在基础教育课程中增加文化遗产保护内容的提案①

（2006 年 3 月）

2005 年 12 月 23 日，国务院印发了《国务院关于加强文化遗产保护的通知》，通知要求：“教育部门要将优秀文化遗产内容和文化遗产保护知识纳入教学计划，编入教材，组织参观学习活动，激发青少年热爱祖国优秀文化传统的热情。”目前我国基础教育课程中，涉及文化遗产相关知识和文化遗产保护方面的内容较少。因此，在基础教育课程中增加文化遗产保护内容，既适应文化遗产保护事业发展的需要，又可作为学校基础教育的有益补充，与国家素质教育的要求相吻合，也是历史赋予学校教育的义不容辞的责任。

保障文化遗产事业持续发展有许多支撑条件，包括机制、法律、教育、科技、资金等，但教育是贯穿各方面的重要因素，无论是对文化遗产的认识、保护、利用、传播等，都需要有理念、有知识、有技能的人去完成，更需要对文化遗产有全面理解的公众广泛参与和支持，而这些主要靠教育途径才能实现。因此，文化遗产保护教育是文化遗产事业健康、永续发展的最为重要的动力和条件。

学校教育首先应该是理想主义的人文教育，学校不仅要为社会

① 此文为在全国政协十届四次会议上的提案，联名提案人：姚珠珠 李延声 李羚 龙瑞 罗天婵 赵青 莫德格玛 袁熙坤 张文彬 夏燕月 安家瑶 樊锦诗 苏士澍 周天游 陈漱渝 盖山林 李双江 王馥荔 黄宏 白淑湘 鲍国安 叶惠贤 董良翚 吴雁泽 李谷一 徐庆平 赵喜明 阿拉泰 张贤亮 王兴东 盛中国 张平 李致忠 王铁城 赵汝蘅 陈燮阳 冯小宁 韩美林 敖德木勒 张会军。

提供有专业知识和技术的人员，更要培养具有优秀品质和健全人格的全面发展的人才。而文化遗产保护的理念和行动，正是在现代化和科学技术高度发展、经济全球化和文化多元化同时并存的时代背景下，人类环境保护意识、和谐发展意识、尊重历史文化意识、不同文化互相尊重与学习意识全面觉醒的产物，代表着人类文明发展的新阶段和新理念。通过普遍的学校课程教育，向学生们传递由文化遗产事业所体现的先进理念，他们毕业成长以后才会给予文化遗产事业更多的支持和奉献。为此，学校也应把参与文化遗产保护事业，发挥自身在文化遗产保护中的人才培养职能看作应尽的重要职责。

加强文化遗产保护教育，应当从中小学生抓起。联合国教科文组织世界遗产中心主任德罗斯特曾评价说："人类不可再生的世界遗产的未来掌握在今天和明天的年轻人手中。"中小学校聚集了数以千万计的优秀青少年，他们是祖国的未来，民族的希望。他们毕业并继续深造后将成为明日社会的栋梁之材，祖国现代化建设的生力军，也将是继承文化遗产，传承民族精神的中坚力量。文化遗产不仅是我们从祖先手中继承的稀世珍宝，更是我们从子孙后代手中暂借来的后世财富。文化遗产的未来属于青少年。青少年时期，是人生成长的重要阶段，是人生观、世界观形成的关键时期。今天中小学生对文化遗产的了解和认知程度，对文化遗产的保护将起到重要作用，把保护文化遗产的理想告诉青少年，让更多的青少年和我们一起来实现保护人类共同的文明财富的目标，对于文化遗产事业的未来发展具有至关重要的意义。

同时，文化遗产对青少年一代具有巨大的吸引力和感召力。文化遗产涉及历史、地理、文学、艺术等众多知识，是十分丰富的教学资源。通过文化遗产教育，向中小学生介绍广泛分布的各类文化遗产，传达继承传统、捍卫文明、传递和平、合作发展的文化遗产精神，使热情似火又富有想象力的青少年，通过文化遗产教育能够充分感受中国传统文化的魅力，激发民族自尊心和自豪感，提高科学文化素质。而且他们还能通过文化遗产教育提升文化涵养和素质，陶冶情操，增强艺术鉴赏力，丰富精神生活，提高思想道德水平。对于正处在价值观形成时期的青少年，文化遗产是最生动、最深刻的教材。人类文明之光，将穿越时空，照亮中小学生未来成长之路，引导他们去认清自己在自然界中和人类历史上的位置，热爱自己的祖国，珍惜人类的文明，并从文化遗产中汲取人类优秀文化营养，以利于他们在今后的实际行动中自觉地肩负起保护文化遗产的神圣职责，创造今天和未来的文化。

目前，全国各博物馆已经面向中小学生免费开放，国务院也决定从 2006 年起，每年 6 月的第二个星期六为我国的“文化遗产日”，这些都为全国中小学校的文化遗产教育提供了更加有利的条件。

因此，建议将文化遗产教育列入中小学校的教育计划，有计划地把文化遗产保护内容纳入全国中小学校基础教育课程之中。结合目前语文、历史和思想政治等课程，并根据教育的进展，不断扩大范围，实现主渠道和学科渗透的课程联动。并利用校园文化、课外活动等进行辅助教育，增加文化遗产保护的相关知识和法律规范方面内容，同时鼓励中小学生积极参与保护文化遗产的有益活动，实现青少年文化遗产教育的实质性推进。

用教育推进文化遗产保护①

（2006 年 3 月 10 日）

加强文化遗产保护，是建设社会主义先进文化、贯彻落实科学发展观和构建社会主义和谐社会的必然要求。保障文化遗产事业持续发展有许多支撑条件，但教育是贯穿各方面的重要因素。因此，文化遗产保护教育是文化遗产事业健康、永续发展的最为重要的动力和条件。

2005 年 12 月 23 日，国务院印发了《国务院关于加强文化遗产保护的通知》，通知要求“教育部门要将优秀文化遗产内容和文化遗产保护知识纳入教学计划，编入教材，组织参观学习活动，激发青少年热爱祖国优秀文化传统的热情”，“加强文化遗产保护管理机构和专业队伍建设，大力培养文化遗产保护和管理所需的各类专门人才。加强文化遗产保护科技的研究、运用和推广，努力提高文化遗产保护工作水平”。

文化遗产保护的理念和行动，代表着人类文明发展的新阶段和新理念。为此，学校也应把参与文化遗产保护事业，发挥自身在文化遗产保护中的人才培养职能看作应尽的重要职责。目前我国基础教育课程中，涉及文化遗产相关知识和文化遗产保护方面的内容较少。

① 此文发表于《中国艺术报》，2006 年 3 月 10 日，第 3 版。

加强文化遗产保护教育，应当从中小学生抓起。联合国教科文组织世界遗产中心主任德罗斯特曾评价说：“人类不可再生的世界遗产的未来掌握在今天和明天的年轻人手中。”文化遗产不仅是我们从祖先手中继承的稀世珍宝，更是我们从子孙后代手中暂借来的后世财富。文化遗产的未来属于青少年。今天中小学生对文化遗产的了解和认知程度，对未来文化遗产的保护将起到重要作用，把保护文化遗产的理念告诉青少年，让更多的青少年和我们一起来实现保护人类共同的文明财富的目标，对于文化遗产事业的未来发展具有至关重要的意义。

同时，文化遗产对青少年一代具有巨大的吸引力和感召力。文化遗产涉及历史、地理、文学、艺术等众多知识，是十分丰富的教学资源。通过文化遗产保护教育，向中小学生介绍广泛分布的各类文化遗产，传达继承传统、捍卫文明、传递和平、合作发展的文化遗产精神，使热情似火又富有想象力的青少年，通过文化遗产保护教育能够充分感受中国传统文化的魅力，激发民族自尊心和自豪感，提高科学文化素质。而且他们还能通过文化遗产教育提升文化涵养和素质，陶冶情操，增强艺术鉴赏力，丰富精神生活，提高思想道德水平。对于正处在价值观形成时期的青少年，文化遗产是最生动、最深刻的教材。

因此，建议将文化遗产保护教育列入中小学校的教育计划，结合目前语文、历史和思想政治等课程，实现主渠道和学科渗透的课程联动，并利用校园文化、课外活动等进行辅助教育，增加文化遗产保护的相关知识和法律规范方面的内容，同时鼓励中小学生积极参与保护文化遗产的有益活动，实现青少年文化遗产保护教育的实质性推进。

“人才战略是第一战略”。能否建设一支体系完备、结构合理、素质优良的工作队伍，是关系到文化遗产保护事业兴衰成败的关键所在。高等院校作为培养高端人才的主要途径，在文化遗产保护教育工作中可谓重中之重。当前，我国已有 20 余所高等院校设立了考古学、博物馆学等专业，培养大专、本科、硕士和博士等各个层次的专业人员，向文物系统输送了大批优秀人才，成为文化遗产保护事业的中坚力量。

但是，目前高等院校中文化遗产保护教育力量仍很薄弱，还远远不能满足文化遗产保护事业发展的迫切需要。主要表现在：文化遗产保护普及教育差，相关公共课程和选修课很少；设立文化遗产保护专业的高等院校数量偏少，在我国现有高等院校中只占极小比例；文化遗产保护专业设置存在结构性缺陷，考古专业和博物馆专业基础较好，而文物保护科技、传统建筑保护维修和文化遗产保护理论方面的专业寥寥无几，师资力量极为匮乏，缺乏培养造就文化遗产保护复合型人才的高等教育专业；高等院校中与文化遗产保护密切相关的其他专业对有关文化遗产保护的教学科研工作缺乏重视；高等院校与文化遗产保护部门和科研机构合作开展相关教学科研工作仍显不足。

高等院校在文化遗产保护教育方面存在的上述问题导致高等院校学生的文化遗产保护意识不强，对祖国传统文化缺乏亲切感和认同感，综合素质存在缺失；文化遗产保护领域尤其是文物保护科技、传统建筑维修等方面的专业人才严重匮乏，从业人员专业结构趋同，知识结构和年龄结构不合理，行业发展缺乏系统理论支撑；相关领域的研究成果难以及时体现和应用到文化遗产保护实践中。人才的匮乏和智力支持的不足已经严重影响了我国文化遗产保护工作的进一步推进，成为制约事业发展的一个瓶颈。

加强高等院校的文化遗产保护教育，丰富和完善有关文化遗产保护的专业设置，促进相关专业中有关文化遗产保护的教学科研工作，密切高等院校与有关部门和科研单位在文化遗产保护教育科研方面的合作，对全面提升我国文化遗产保护的整体水平具有战略性意义。为此建议，在各个高等院校开设文化遗产保护公共课程和选修课程，以多种形式向在校学生宣传和普及文化遗产保护知识和理念；鼓励和引导一些具备条件的高等院校增设文化遗产保护的相关专业，重点加强传统建筑保护、文物保护科技等专业或专业方向的建设；整合现有的院系或专业设置，在具备条件的综合性大学设置综合性文化遗产保护院系或专业，内容涵盖考古学、博物馆学、文物保护科技、传统建筑保护、文化遗产保护理论等专业，将人文科学与自然科学和工程技术相结合，以培养复合型文化遗产保护人才。

文化遗产涉及人类经济社会发展的方方面面，与诸多学科有着广泛和密切的联系，具有工程技术科学、人文社会科学、自然科学交叉融合，应用研究、基础研究、软科学研究交互展开的特点，边缘科学研究的发展前景十分广阔。在人们对文化遗产的认识逐步深化，文化遗产领域不断扩大的背景下，文化遗产保护规划、文化景观、文化线路、航空考古、水下考古、大遗址保护等新兴的文化遗产保护研究方面成效显著，迫切需要加强相关专业领域的人才培养和科研工作。为此要大力推进高等院校中城市规划、历史地理、古生物学和遥感测绘等与文化遗产保护密切相关的专业院系中涉及文化遗产保护的教学科研工作，设置文化遗产保护课程，促进相关理论和科学技术研究成果转化和应用于文化遗产保护工作实践；加强高等院校和文化遗产保护有关部门、科研单位在教学科研方面的密切联系和合作，有效整合各方面的优势资源，建立文化遗产保护的专业人员培训基地和科研平台。根据文化遗产保护工作的实际需要，对相关从业人员提供不同层次和形式的教育培训，支持和鼓励高等院校与有关科研院所和有条件的博物馆联合设立硕士点、博士点和博士后流动站。

在“创建和谐机关、争做人民满意公务员”座谈会上的讲话

（2007 年 4 月 29 日）

今天，国家文物局召开“创建和谐机关、争做人民满意公务员”座谈会，委托我也在这里发言，谈谈感想和体会，和大家谈谈心。

我到国家文物局工作已近五年。近五年来的工作使我更加深刻地体会到，文化遗产保护关系到经济社会建设，关系到文化事业发展，关系到千家万户的文化权益，也关系到国家工作大局。这是一项非常重要的工作，岗位光荣，任务艰巨，责任重大。国家文物局机关和直属单位有一支很好的队伍，其中有业务熟悉、经验丰富、从事文物工作几十年的老同事，也有富有朝气、奋发有为、热爱文物工作的年轻同事。大家在并不优越的工作环境下，勤勤恳恳、任劳任怨，竭力推进文化遗产事业的发展，我感到由衷地欣慰和钦佩。作为局长，自身的力量微不足道，我们的工作只有依靠大家的投入和奋斗，才能担负起推进文化遗产事业发展的重任。

说到这里，我们共同面临一个很重要的问题是，作为国家文物行政机关，国家文物局要努力提高整体工作水平。全体同人，一定要居安思危，使自己的文化素质、业务水平、执政能力和工作作风，与所处于的国家文物行政机关的位置相适应，用更高的标准来严格要求自己，使每个人都成为合格的公务员，把国家文物局机关建设成为廉洁、勤政、务实、高效的机关。这是对国家文物局机关建设

的一个最基本的要求。

对此，我谈几点意见，与大家共勉。

第一，要认真学习理论，深入思考问题，在理论联系实际方面有更大的进步

理论是行动的指南。没有正确理论的指导，就等于没有灵魂，就会丧失前行的价值目标和行动方向。国家文物局机关和直属单位是我国文化遗产保护队伍中的骨干力量。有没有较高的理论水平，有没有运用正确理论指导实际工作的能力，直接关系到事业的兴衰成败。我们要把最新的理论成果运用到文化遗产保护工作中来，学会用正确的立场、观点、方法来观察和解决问题，坚定不移、不折不扣地贯彻执行文物工作方针，以科学和创新精神来做好我们的工作，事业才会有发展。我们所评价的思想水平、工作水平、业务能力的高低，从根本上说，是理论水平的高低的体现。我们看到，许多同事在繁忙的工作中抓紧学习，思考问题，解答问题，思想在进步，工作有成果。但是也应该看到，有些同事的学习热情日渐淡薄，或陷于日常事务性工作不肯挤出时间学习，或热衷于应酬活动而不肯安排时间学习，或自我满足不肯抓紧时间学习，工作也停留在一般水平，很难有什么成果。

我国全面建设小康社会的阶段，正是人均国内生产总值从1000 美元向 3000 美元跨越的关键时期。这个时期既是文化遗产保护事业的“发展机遇期”，也是“矛盾凸显期”。近年来，文化遗产保护工作逐渐得到重视，国家编制部门为国家文物局增加了机构和编制，国家财政部门为文化遗产保护大幅度增加了经费，这些都为我们的事业创造了良好的发展条件。但是我们也应该深刻认识到，工业化、城市化的进程，经济建设、城乡基本建设的迅猛发展，给

文化遗产带来了前所未有的冲击。我们必须强化忧患意识，形势越好，越需要保持清醒的头脑，否则就容易出现问题。现在，发展已进入关键时期，我们所处的环境比以往任何时候都更为复杂，我们的任务比以往任何时候都更加艰巨，我们面临的考验比以往任何时候都更加严峻，我们肩负的责任比以往任何时候都更加重大。在这个非常时期，文化遗产保护工作做得好，造福千秋；文化遗产保护工作做得不好，愧对子孙。因而我们比以往任何时候都更加需要理论武装，需要我们认真思考问题，保证各项工作的正确方向。

近几年来，国家文物局坚持集体研究理论，交流学习体会，不断提出新的课题，例如文化遗产事业与中国经济社会发展的研究，工业遗产保护，新农村建设中的文化遗产保护，乡土建筑保护，老字号保护，20世纪遗产保护、线性文化遗产保护、文化景观遗产保护等问题，目的就是身体力行地推动国家文物局机关和全系统职工的理论学习，对新形势有一个清醒的认识，对新问题有一个认真的研究。如果我们真正做到了理论联系实际，既提高了理论素养，又解决了面临的一个又一个新问题，思想上、理论上做到与时俱进，文化遗产保护工作就会出现新的局面。为此号召大家牢固树立学习就是工作的理念，以谦逊的态度、顽强的毅力抓紧学习，不断充实自己，提高自己。本着缺什么补什么的原则，加快知识更新，优化知识结构，丰富知识储备。通过学习，树立崇高的信仰，养成高尚的情操。通过学习，更多地掌握科学文化知识和业务技能，更多的思考问题、研究问题，把学习收获和成果转化为推进文化遗产事业发展的能力。

第二，要善于抓大事，突出工作重点，以高度的责任感做好每一项工作伴随形势的发展，我们的工作领域越来越宽泛。从“文物保护”到“文化遗产保护”，不仅仅是文字表述的变化，内涵和外延都发生了重要的变化。我们要深刻地认识到这一重要的变化，也要深刻认识到作为国家文物行政部门所肩负的使命日益繁重。既要为在这一关键时期担负文化遗产保护重责而深感骄傲，也为在这一关键时期所必须担负的文化遗产保护重责而深感责任重大、不可懈怠。国家文物局作为国家文物行政部门，有大量的日常工作需要处理好，但一定要把主要精力放在抓大事、抓重点工作上。所谓大事和重点工作，就是指对全局和长远有着重要影响的战略性、前瞻性的工作。孙家正部长常说，“要防止思想淹没在事物之中，重点淹没在一般之中”。只有抓住大事和重点工作，才能提高我们的工作质量和工作效率。

对于每年全国文物局长会议部署的大事，大家都应该关注，都应该有一个清楚的了解。这不仅对各级领导干部是必须做到的，也是每一名同事都应该做到的。如果没有这样的胸怀，缺乏高度的认识，整天沉浸于一般性事务和形式上的应酬，从年初忙到年末，也很辛苦，但是做完了也就完了，回头总结也就是一本流水账，没有对实质性工作有多少推动。2002年国家文物局提出的四项基础工作，经过全国文物系统共同努力，已经初见成效，为今后工作奠定了良好的基础。今年的大事和重点工作在年初已经部署。开展第三次全国文物普查是一项重点基础工作，是今年工作的重中之重，这项工作做好了，文物的家底摸清楚了，对今后文化遗产事业发展具有非常重要的战略意义。同时，全国文物普查对于我们的意义不仅仅是摸清家底，首先对于全国文物系统说是一次文化遗产保护业务的大练兵，对于全国各级领导干部来说是一次文化遗产保护法规的大培训，对全国民众来说是一次文化遗产保护知识的大宣传。机会难得，务求扩大战果。

去年以来，国家文物局下决心减少会议，减少应酬，减少表面性的工作。目前看来，产生了良好效果。重点工作更加突出，更加凝聚。我们一定要树立全局观念，文化遗产保护工作要服从于国家的大局，机关的各项工作要服务于全局的中心工作。不管日常事务多么繁忙，每年都要抓住大事和重点工作不放，集中精力，作出成果。需要特别强调的是，要加强责任心，工作开展要扎实，工作成效要落实。每一项工作都要有明确的目标，既要有要求，也要有措施；既要有部署，也要有督察。各级领导干部对于部署的工作，要靠前指挥，率先垂范，督促检查，一抓到底，确保落实。工作计划与目标达成之间是靠智慧的思考和艰辛的努力来联系的。我们每一个部门和每一名同事，都要对自己的工作树立高标准、严要求，做任何一件事情，都要精益求精，肯花十二分力气，要有比别人做得更好、抓得更实、站位前列的精神。为此，国家文物局机关和直属单位都要注重提高工作质量，只有努力勤奋、不畏艰辛、科学严谨，才能创造出高水平的工作成果和取得突出的工作业绩。

第三，牢固树立公仆意识，维护公众利益，文化遗产保护成果惠及广大民众

长期以来，我国政府是最强有力的保护主体，“自上而下”的保护机构和行动贯穿于文化遗产的保护事业之中。实际上，文化遗产保护是一种人文关怀，关怀人类自身的生存状态，关心人类从何处来，到何处去。从这个意义上讲，文化遗产保护与广大民众的根本利益息息相关，绝不应该与当地民众和当代生活隔绝与封闭。我们面对的保护对象，往往经过了数十年、上百年甚至上千年的风雨

历程而有幸留存至今，文化遗产本体往往早已满目疮痍，其原生环境也发生了天翻地覆的变化。但是我们不能忽视另一方面的变化，伴随原有生产、生活方式的消失，一些文化遗产对于民众来说渐渐难以理解，随着时光流逝，当地民众与文化遗产之间的相互关联日渐疏远，文化情感日趋淡漠。对于前者，我们正在努力通过保护技术和工程手段竭力遏制文化遗产及周围环境的进一步破坏和恶化，而对于后者，如何避免当地民众与文化遗产之间的“关联疏远”和“情感淡漠”，却往往没有引起重视。

文化遗产保护需要文物管理部门和文物工作者以“守土有责”的精神承担起庄严使命，更需要广大民众的积极参与和支持。今年的“文化遗产日”，我们将表彰一批优秀长城保护员，同时还将表彰一批积极为保护文物作出无私奉献的农民群众。在今年的全国政协会议期间我提交了“关于落实文物保护奖励制度的提案”。这个提案是从两个感人的、真实的故事引起的。一件是陕西农民兄弟重义轻利，捐献“国宝”，使珍贵文物得到保护。另一件是贵州的农民兄弟拼死保护他们的“生命之桥”，使地坪风雨桥得到重建。这两件动人心弦的事实充分表明，我国广大民众是有觉悟和讲感情的。他们的行为应该受到全社会的尊重，国家应该对他们的行为给予表彰和奖励。为此建议，国家财政部门设立文物保护奖励专项经费，给予自觉保护文物的民众以应有的奖励，促进全社会参与文化遗产保护的良好社会环境的进一步形成。

每一处文化遗产的兴衰，都应和民众的利益息息相关，都应牵动着千家万户。无论是在历史文化街区和历史文化村镇的保护事业中，在考古发掘和文物建筑修缮等工程中，在博物馆建设和陈列展示等工作中，都应该积极取得广大民众，特别是当地居民的理解和参与。只有民众倾心地、持久地自觉守护，才能实现文化遗产应有的尊严，而只有享有尊严的文化遗产，才能具有强盛的生命力，才能成为社区的骄傲。因此，我们在工作中要牢固树立公仆意识，深入实际，深入基层，深入广大民众当中，切实了解国情、社情、民情，关注民生，重视民生，保障民生，改善民生，使我们的政策、措施更加符合实际，符合广大民众现实利益和长远利益，多办为民谋利的实事，真正使他们在文化遗产保护中得到实惠，从中不断加深对文化遗产价值和意义的理解，调动他们参与文化遗产保护的积极性，努力在全社会形成“文化遗产人人保护，保护成果人人共享”的生动局面。

第四，加强机关建设，严格廉洁从政，保持公务员良好作风和高尚品格

艰苦奋斗是中华民族的传统美德，廉洁从政是对国家公务员的基本要求。应该清醒地看到，目前我国经济总量不断扩大，对文化遗产保护的投入大幅度增加。但是我国经济社会发展还很不平衡，民众生活还不富裕。我国文化遗产资源丰富，数量巨大，历经沧桑，伤痕累累，亟待抢救的不可移动和可移动文物比比皆是，保护任务非常艰巨。因此必须长期坚持艰苦奋斗，勤俭节约，把有限的资金用在刀刃上，反对搞花架子工程和“政绩工程”。还应该清醒地看到，我们各级领导干部都掌握一定的权力，这是国家和社会民众所赋予的，只能用来为国家服务、为民众谋利益，坚持秉公用权，廉洁从政。近几年来，国家文物局要求每一名机关公务员都要努力作出表率，深入基层，轻车简从，不住套间，不收礼品。遵守法规和制度是国家公务员的天职。希望大家都能够严于律己，警钟常鸣，自觉抵制腐败现象的侵袭，真正做到一身正气，一尘不染，共同树立机关的

良好形象。

机关建设，是执政能力建设的一个重要组成部分，是一个系统工程。人才建设是基础，业务建设是重点，后勤建设是保障。在人才建设方面，要着力建设一支业务精、作风硬、纪律严的公务员队伍。目前国家文物局机关人员平均年龄40岁，具有硕士研究生以上学历的已经占到33%，年龄结构、知识结构更趋于合理。新老同志相互学习，取长补短，风雨同舟，团结共事。几年来，国家文物局坚持开展竞争上岗，为每一名同志创造公开、公平的脱颖而出的机遇。在业务建设方面，鼓励大家加强学习，创造培训机会。希望全体同志特别是年轻同志都要在业务方面有所进取，大学毕业的要积极读研究生，取得硕士学位的要挤出时间攻读博士，努力使自己在学识方面有所进步，有所造诣，适应科学技术日新月异的新形势。在后勤建设方面，我们在努力解决大家的住房问题，按照有关规定，规范津贴补贴，尽力提高大家的福利待遇，积极推动新办公楼的建设，改善办公条件。

我们每个同志都要珍惜自己的工作岗位。近年来国家文物局招录公务员竞争很激烈，去年招录7名，报名的有近1400名，是招录名额的200倍。在就业竞争非常激烈的情况下，每名同志都要更加珍惜自己的工作岗位，爱岗敬业、恪尽职守、甘于奉献，在文化遗产保护事业中体现自己的人生价值；珍惜机关的和谐，自觉弘扬正气，抵制歪风；珍惜机关的团结，坚持五湖四海，反对搞小圈子。要坚持勤奋好学、学以致用，心系群众、服务人民，真抓实干、务求实效，艰苦奋斗、勤俭节约，顾全大局、令行禁止，发扬民主、团结共事，秉公用权、廉洁从政，生活正派、情趣健康八个方面的良好风气。要按照这些要求，树立起良好的思想作风、学风、工作作风、领导作风、生活作风，我们的头脑就会更加清醒，工作就会更加主动，前进的步伐就会更加坚实，机关建设就会登上新的台阶。

最近我读了北京大学袁行霈教授的一篇文章《中华文明的历史启示》，很受启发。他认为我们从中华文明中获得的历史启示有五个方面。一是选择和平、和谐。文明的发展离不开和平、和谐，唯和平才能使文明的成果得以保存，唯和谐才能使文明稳步发展。二是选择包容。文明的发展需要包容，“山不厌高，海不厌深”，唯包容才能百川汇海，唯包容才能不断壮大。三是选择开明。文明的发展需要开明，唯开明才能广得人心，唯开明才能云蒸霞蔚。四是选择革新。革新是文明发展的必由之路，只有不断革新才能不断前进，只有不断革新才能保持旺盛的生命力。五是选择开放。开放是文明发展的重要条件，唯开放才能吸取其他文明的长处，唯开放才能自立于世界民族之林。以上所讲的和谐、包容、开明、革新、开放，就是回顾中华文明史所得到的主要启示。我希望和谐、包容、开明、革新、开放，也成为国家文物局的基本氛围和每位同事为创建和谐机关所进行的不懈追求和积极贡献。

今年“五一”期间，我比较系统地重温了《郑振铎文博文集》和《王冶秋文博文集》，受益匪浅。这是两本好书，此次读过之后给我最大的感受是，我国文物保护事业先驱者们的敬业精神应该成为我们的传家宝，在新的历史时期继续得到弘扬。5月5日，中国文物学会为75岁高龄的18位老文物工作者祝寿，我看到老先生们谈起当年所从事的工作，仍然充满激情和向往。我在会上感慨道，今天我们和老一代文物工作者之间的差距恐怕就在于此。今天在我们的机关还缺少刻苦学习的精神，缺少艰苦创业的精神，缺少一丝不苟的精神，缺少开拓创新的精神。我这么说当然并不是指今不如昔，今天我们也有很多过去没有的优势，如今天机关的同志们掌握了更先进的办公手段，具有更好的外语基础等，这都是今天我们做好工作的优势，但是如果再拥有老一代文物工作者的敬业精神，我们将如虎添翼，无可比拟。

我想特别更正一种误解，即认为今天我们的工作具有开拓精神，而过去的人们缺少这种精神。如果有这种认识，我建议要读一读《郑振铎文博文集》和《王冶秋文博文集》这两本书，我们将看到字里行间充满了激情，充满了开拓精神。大家可以想一想，中华人民共和国成立初期，百废待兴，工作条件极为艰苦，人们在为生存和基本发展条件而奋斗。但是那时居然有这样一些人，竟然具备直到现在我们很多领导干部都没有能够掌握的保护文物理念，而且为之终生奋斗，这不由得叫人想起一句话："有一种落后叫先进"。联想到在 58 年前，在新中国成立前夕，梁思成先生即提出保护"北京城全部"的意见，老一辈的志向多么远大、多么先进、多么超前。因此，我们都要牢记光荣传统，争取更大光荣。新时期新形势下，文化遗产保护事业正处在发展的关键时期。我们必须抓住发展的机遇，历史给予我们的机遇不会重演。我们必须把握住今天，把握住今天才会拥有明天和未来。

在国家文物局系统预算编制及管理培训班上的讲话

（2008年3月21日）

3月正是万物复苏、大地回春的美好季节。俗话讲："一年之季在于春"，在国家"两会"刚刚结束，新一届政府正在研究部署新的一年以及今后五年国家各方面工作任务的形势下，我们召开局机关和局系统的预算工作会议，专题研究如何抓好预算执行工作。我认为，这个会议召开得很好。好就好在抓住了关键的问题，抓住了"老大难"的问题，抓住了我们工作的"牛鼻子"。我记得大约一个半月以前，我们召开第一次局务扩大会，除了办公室和文化遗产研究院外，机关其他部门和其他直属单位在汇报本部门、本单位工作时，都没有谈到预算执行情况，甚至连"预算"二字都没有说起。这种不约而同的集体"失语"现象当时就引起了我的担忧。我认为这可能反映出大家对这一问题的普遍麻木和忽视。刚才，文物保护司、博物馆司、中国文化遗产研究院和办公室的负责人围绕部门预算执行工作作了专题发言，我认为讲得都很好，好就好在通过对工作的回顾找出了差距，提高了认识。办公室在发言中，较为系统地分析了国家文物局系统预算执行难的问题和原因，并且从加强制度建设、改善管理工作、加强人员培训三个方面提出了改进工作的意见。我认为讲得很符合我局的工作实际，我都赞成。多年的实践告诉我们，预算工作的质量与水平，不仅仅是一个能力和方法的问题，而首先是一个思想和认识的问题。所以，我想结合学习财政有关文件精神和我们的工作实际，就做好国家文物局的预算管理工作，再讲两方面意见。

一、抓好预算执行工作，事关中国特色文化遗产事业又好又快发展的大局

（1）抓好预算执行工作是建设责任型政府和服务型政府的迫切需要

刚才我们都听到了，财政部把预算执行问题提到了“影响到党和国家重大政策的有效贯彻落实”的高度。作为文物事业的行政主管部门，也应该从促进中国特色文化遗产事业又好又快发展的高度，认真对待、切实抓好预算执行管理。这既是我们工作的奋斗目标和努力方向，也是我们义不容辞的责任和使命。

预算执行工作的优劣，从直观的、外在表现形式上看，有一个执行率，许多人仅仅把它看作一个花掉的财政资金与预算安排的财政资金的比率问题，其实不然，这里实质上反映的是我们根据事业发展规划想干多少事和干了多少事的一个比较问题，从更深层次上讲，还存在一个到底干了多少事、事情干得怎么样以及效果如何的问题。

文化遗产事业是典型的社会公益性事业，目前的各项事业经费基本都是财政资金，都是纳税人的钱，都是为发展社会公益事业而支出的。资金的使用效率如何，资金是否浪费，资金使用是否达到当初设定的政策目标和社会效益目标，这些问题，都确实关乎政府的形象，关乎国家路线、方针、政策的贯彻落实。

我们应该把预算工作与政府职能的转变紧密相连。政府部门

管理公共事务，提供公共服务，将来主要通过行业管理和宏观管理，依靠依法行政，依靠监督检查，而所有这一切，都离不开科学合理地编制预算，更离不开认真严格地执行预算。因此，大家要认识到肩负重大责任，要自觉站在国家和全局利益而不是部门和单位利益的高度，从促进文化遗产事业又好又快发展的角度，重视预算执行工作，将其作为文物系统贯彻落实科学发展观的一个重要的方面。

（2）预算执行是一项全局性的系统工作，抓好预算执行工作，是促进我们整体工作质量和工作水平提高的重要途径

我们要正确认识到，预算执行是一个事关全局和事业发展的综合性工作，是机关各部门、各个单位分内的事情，绝不仅仅是预算、财务部门的事情。预算执行情况能够充分反映一个部门、一个单位的预算编制、执行的质量和水平，进而言之，可以充分反映出一个部门、一个单位整体的工作质量和工作水平。因此，加强预算执行管理，实质上是加强全局、各部门、各单位整体工作的管理。

我们多次强调：各部门、各单位是预算的编制主体和执行主体，国家文物局是预算编制和执行的最终责任主体。从我局情况看，预算项目大都是我们的重点工作，有的项目执行期限在3~5年，有的甚至长达8~10年，有的项目形成的结果是无形资产。因此，预算执行率高低，项目支出是否真实、规范以及项目管理的好坏，项目支出的绩效如何，检验着我们的水平与能力，考验着我们的智慧与品质。

（3）抓好预算执行工作是认真执行法律和国家财税政策，切实纠正“重分配轻管理”问题的重要举措和迫切需要。

对预算执行工作，一定要从执法的高度来认识。对于预算管理，

国家颁布了《中华人民共和国预算法》和《中华人民共和国预算法实施条例》，有一级政府，就要编制一级预算，各级预算都要经过同级人民代表大会的批准，公布的预算是具有法律效力的，所以，执行预算，就是一个学法、知法和执法的过程。

财政部2008年的1号文件专门讲加强预算执行管理的问题，说明“重分配轻管理”、执行难这一共性和顽疾已经到了何等严重的地步。对照我们的工作，在预算编制和执行工作中“重分配轻管理”同样是困扰我们的顽疾。一方面，我们看到，近年来，国家财政对文物事业的投入有较大幅度增加，对加强文物保护和推动文物博物馆事业的发展发挥了积极作用，使我们办成了许多过去办不了的大事。但是另一方面，通过审计署对国家文物局预算执行情况的审计、对个别省份专项经费使用情况的审计调查以及对直属单位组织开展的财务检查和内部审计，都发现我们在财务、预算管理工作中还存在一些问题：如有的单位存在执行程序不规范、审核审批程序不到位、随意支出等，国家文物局机关对项目管理比较粗放、预算编报不够严肃和细化、相关部门工作衔接较为薄弱、监督不到位等，专项转移支付资金“一分了之”的现象也有，个别专项资金使用效率较低，甚至出现挤占、挪用问题。

以上所举都是典型的“重分配轻管理”。这里既有思想认识和责任心上的问题，也有管理和技术上的问题。在思想认识方面存在的问题更为普遍。我再举一个例子：在研究分析和整改我们审计发现问题的过程中，有的同志认为，这些都是过去的历史问题，是众所周知的问题，社会上其他单位也都存在，不值得大惊小怪。这种认识和态度万万要不得！从近处讲，它不利于我们纠正、整改存在的问题；从长远看，不利于事业的发展，危害和负面影响都很大！

正反两方面的事例都告诉我们：为进一步用好财政资金，提高资金管理效能和使用效益，我们既要重视和学会"要钱"，又要重视和学会"花钱"，更要重视和学会把钱花好，这是摆在我们每一个人面前的迫切任务，尤其是摆在各级主要领导面前的迫切任务。

二、坚持科学发展观，高标准、严要求，做好预算执行工作

（1）科学定位，强化职责，通力合作

各部门、各单位要科学确定在预算编制和执行工作中的功能定位，强化工作职责。我再次重申：机关各部门（司、室）、各单位主要负责任人是本部门、本单位预算编制、执行的第一责任人，对预算编制、执行的质量和水平负主要责任。我们都要牢固树立在预算工作中的执法主体观念，权责统一观念，绩效考核观念。要全年抓预算，预算贯穿全年。

在预算执行管理工作中，一方面要遵循文物工作和预算、财务工作规律，坚持依法办事，依法理财和依法行政，保障我们的工作少出偏差甚至不出偏差。另一方面，要及时总结工作取得的成绩和积累的经验，要准确把握、客观地分析存在的问题和不足，尤其是工作中的薄弱环节。国家文物局虽然是一个小部门，但是任务重、责任大，工作环节一个也不能缺少。财务部门要加强业务指导和监督管理，使预算执行更加规范、有效。

（2）夯实基础，程序到位，严格执行

管理要规范，程序需到位，日常工作落脚点要放在工作细节或具体工作环节上，着力做好基础工作。刚才传达的财政部文件涉及的许多方面都属于预算执行管理的基础工作，如银行账户管理、用

款计划管理、资金支付管理、预算执行分析、财务信息化及政府采购等，这些也构成了我们日常财务管理工作的基本内容。我们要结合财政部的要求，对照分析和思考：我们的工作够不够扎实？工作环节有没有缺失？工作程序有没有到位？工作细节有没有疏漏？执行法规是否严格？等等。要切实对照文件严格执行，夯实基础工作，提高预算执行管理水平。

在考古发掘报告编写工作高级研修班上的讲话

（2008 年 4 月 15 日）

今天，国家文物局举办“考古发掘报告编写工作高级研修班”，邀请专家讲授并研讨考古报告编写的有关问题，以进一步提高考古报告编写的质量。下面，我就考古资料整理和报告出版工作谈几点看法。

一、考古资料整理和报告出版工作的重要性

考古发掘是考古学研究和文物保护工作的重要组成部分，是一种科学的、保护性的和积极主动的揭示、解释与再创造活动，它改变了古代遗存的保存状态，即由单纯的原址保存变为可以研究、利用、展示的遗迹、遗物和科学的档案资料，这使需保护的对象更加明确，保护工作更有针对性、更加科学、更加合理。因此，作为这种科学发掘活动记录和系统总结的考古报告，也应该视为一种文物保护的形式。此外，由于受考古学学科局限性及发掘者认识水平、工作水平的制约，考古发掘将不可避免地会对古代遗存造成一定的损伤，从某种意义上说考古资料整理和报告出版也是对考古发掘这一局限性的补救。

考古资料整理和报告出版是考古工作的有机组成部分，也是最能体现考古工作科学性和公众性的一个环节，其重要性主要体现在

以下三个方面。

首先，整理考古资料、编写考古报告是完成考古工作、开展后续学术研究的需要。考古报告真实记录着考古发掘的全过程和重要考古发现，为学术研究提供了科学可靠的基础资料。而正是通过不断积累材料和后续的深入研究，考古学学科才能不断进步。从这个意义上说，田野工作结束后及时编写、出版发掘报告，是考古单位和考古工作者不可推卸的学术责任。

其次，做好考古资料整理和报告出版工作，是文物保护工作的需要。考古工作是文物保护的基础，考古资料整理和报告出版也是文物保护工作的一个极为重要的环节，它为完善“四有”档案、制定保护规划、实施文物保护工程提供了重要的基础资料。牛河梁等重要考古报告的整理滞后,已成为文物保护工作中的一个重要瓶颈，规划、设计、保护部门无从下手，文物保护工程缺乏科学依据，严重影响了文物保护工作的顺利开展。

再次，做好考古资料整理和报告出版工作，是文物考古工作者践行《文物保护法》的要求。考古工作是文化遗产保护工作的一个重要组成部分，《文物保护法》及其相关法律法规对考古报告的编制和完成时间作出了明确规定。考古单位和考古工作者应该从贯彻执行《文物保护法》的高度，从维护法律严肃性的高度，本着对历史、对公众高度负责的态度，切实做好考古发掘资料整理和出版工作。

二、近年来考古资料整理和报告出版工作进展情况

由于各种原因，考古资料整理报告出版工作曾经严重滞后，影响了考古学研究和文物保护工作的开展，甚至影响了考古工作者的社会形象，一些考古学家不断大声疾呼：考古不出报告，等于花钱

买破坏，甚至比盗墓贼还坏！呼吁加强报告出版工作。

为扭转这种被动局面，国家文物局加大相关工作力度，在2006年专门下发通知，专项督察重要积压考古资料整理和报告出版工作，力争在三年内解决第一批97部积压考古报告的出版工作。与此同时，国家文物局商财政部加大了对资料整理和报告出版的支持力度。近几年，国家文物局每年都要在总共1000万元的考古专项经费里面安排700多万元用于补助考古资料的整理和报告出版工作，2007年更是达到了800多万元。此外国家文物局还商发展改革委在“十一五”期间重点文物抢救设施专项经费中设立了近1亿元的资金用于各考古单位的文物资料整理场地和库房建设，切实保证考古发掘资料整理工作的顺利展开。

同时，各省文物行政部门、各考古发掘单位也都高度重视，把考古资料整理和报告出版作为一项重要工作来抓，在经费、设备、人员和政策上给予很大倾斜，确保了考古资料整理和报告出版工作顺利进行。在这方面，陕西省考古研究院、四川省文物考古研究院和浙江省文物考古研究所的工作尤为突出，在去年的考古工作会上，陕西、浙江还专门介绍了相关工作经验。

在大家共同努力下，近年来考古资料整理和报告出版工作成绩显著，有28部积压多年的考古报告已经或即将编印出版，浙江省文物考古研究所、四川省考古研究院已将历年积压的重要考古项目资料全部整理完毕。一些新开展的考古项目，如河北易县北福地、湖南里耶和湖北郧县老幸福院等，在田野考古工作结束后也很快将资料整理刊布。据初步统计，近几年来我们每年出版的考古报告已达到50余部。这些报告提供了丰富的考古资料，拓展了相关课题研究和学术讨论的广度和深度，也向公众展示了我国考古工作的丰硕成果。

三、重视质量，又好又快地推进考古资料整理和报告出版工作

虽然近几年我们在考古资料的整理和出版工作上取得了一定的成绩，但是我们应该清醒地认识到，考古报告欠账仍然很多，新账旧账不断累积，工作形势依然紧迫和严峻。虽然已出版的考古发掘报告整体质量不错，但是也还有一些考古报告的质量不高，甚至有的存在着较大的问题。今年春节我去宿白先生、张忠培先生家拜年期间，两位先生在充分肯定国家文物局抓考古报告编写取得成绩的同时，特意向我提出一定要注意抓好考古发掘报告的质量问题，确保考古工作健康发展。

宿白、张忠培两位先生提出的问题非常重要。质量是工作成功的保障，考古发掘报告质量的好坏直接反映着一个国家或地区的考古工作和研究的水平，也关系到考古学科发展和文物保护的水平。文物是不可再生的资源，考古发掘资料整理和报告出版工作是一项极其严肃的科学工作，必须高度重视质量，要实事求是、全面系统地发表资料并确保全部资料准确无误。老一辈考古学家高度重视考古报告的质量，精益求精，编写了像《斗鸡台沟东区墓葬》《白沙宋墓》《元君庙仰韶墓地》《天马—曲村》等一大批考古报告的经典之作，确保了考古工作的健康发展。近年来，有关机构曾组织过一些如何编写考古报告、提高质量的讨论，取得了一些成果，但是大家对于如何编写一部能够反映时代特点的高水平、高质量的考古报告仍然存在着不同的看法。

经征求部分专家的意见，国家文物局举办了这次考古发掘报告

研修班，并精心设计了课程内容，希望考古单位和考古工作者在重视田野工作质量的同时，也高度重视考古报告的质量问题，又好又快地推进考古资料整理和报告出版工作。在今后几天，宿白先生、黄景略先生、张忠培先生、严文明先生、黄展岳先生等将重点讲授考古资料编写和报告出版的有关问题。这次研修培训对于我们来说机遇难得，希望各位学员认真听讲，用心领悟先生们讲授的精髓。同时,我们也为大家预留了与先生们直接交流以及集体讨论的时间，希望大家积极参与，踊跃发言，主动向先生们请教工作中遇到的难题和困惑，互相交流各自的学习心得和已有经验，确保研修培训的成果。

在国家文物局与北京大学联合办学指导委员会全体会议上的讲话

（2008年5月27日）

在北京大学刚刚度过110周年华诞之际，很高兴此时参加联合办学指导委员会会议。

国家文物局与北京大学联合办学已经走过了10年的历程，取得的成绩有目共睹。北京大学培养的一批又一批考古、博物馆、文物保护专业毕业生不断补充到文物保护队伍，近年来有多名北京大学考古文博学院的优秀毕业生被国家文物局录用为国家公务员；北京大学承办了四期全国省级文物局长管理干部培训班，以及省级博物馆馆长培训班和考古研究所所长培训班各一期，还举办了一期西部地区基层文物博物馆管理干部培训班，为加强文物保护管理队伍的能力建设作出了重要贡献；北京大学在考古学研究等领域不断取得新成绩，也对文物保护工作起到了促进作用，宿白、严文明等前辈学者和赵辉、孙华等活跃在一线的学者一直积极参与国家文物局重大业务项目的论证、方案审核等项工作，直接为文化遗产保护事业作出贡献。对10年来合作办学所取得的成绩，既表示肯定、祝贺，也对北京大学表示衷心感谢。

当前，文化遗产保护工作面临着前所未有的发展机遇，也面临着严峻的挑战。文化遗产事业发展要不断取得新突破，离不开高水平的队伍，人才培养是事业发展的关键。展望下一个5年，我们期待着与北京大学合作办学取得更丰硕的成果。

北京大学是国内外知名的学府，学科设置完整，综合科研力量雄厚，考古学研究更是占据重要地位。国家文物局是国家的文物行政机构，负责全国的文物保护、博物馆以及考古管理工作。双方的合作着力点应在于，北京大学为国家文化遗产保护事业培养高层次的专业人才和管理人才，提供智力支持；国家文物局为北京大学文博学院的发展创造适当的外部发展条件。国家文物局的一些专业平台可以为北京大学文博学院所用，比如中国文化遗产研究院的文物保护修复实验室,完全可以成为北京大学文物保护专业的一个教学、实习基地。国家文物局系统也有一些具有国际影响力的专家，也可以适当参加北京大学的教学工作。

对于今后的合作，谈以下三点想法。

一是关于学科建设，希望北京大学充分利用建立世界遗产亚太中心的机遇，在教育部的支持下，尽快建立、发展、完善遗产学学科。原有的考古学、博物馆学、文物保护等专业应在这一过程中不断作出相应调整，使之更加符合时代发展需要。比如，考古专业，不仅要强调培养学生的考古学研究能力，同时要培养学生的考古遗址管理能力，也要强化学生的考古发掘现场保护意识，还要培养考古工作的公共关系意识和公共服务意识。同时，又要积极引进规划学、管理学、人文地理等学科的力量，使各学科相互渗透，形成北京大学完整的遗产学学科体系。

二是关于面向文物系统的专业培训，我想应该突出两个特点：一是前沿，二是高端。所谓前沿，就是根据国家文化遗产保护工作的现实需要，引进国际最新成果，设计、规划、实施具有领先性、前瞻性的培训项目；所谓高端，是指培训对象为文化遗产保护领域高层次的管理人员和专业人员。在这方面，国家文物局的教育培训部门和北京大学文博学院要根据实际情况制订长远计划，创造条件组织实施。

三是关于科研工作，希望北京大学文博学院依托学校资源，发挥多学科优势，开展对国家文化安全、文化遗产保护战略决策具有影响力的学术研究，成为文化遗产保护理论的创新基地。

国家文物局北京大学联合办学发展指导委员会会议

关注文化遗产保护人才培养[1]

（2008年12月）

改革开放以来，我国文化遗产事业与其他各项公共事业一样，受惠于经济社会的高速发展，面临着空前的发展机遇，同时，城市化快速进程又使文化遗产事业发展充满挑战。“人才战略是第一战略”，人才资源是最富活力的“第一资源”，能否建设一支体系完备、结构合理、素质优良的工作队伍，是文化遗产事业兴衰成败的关键所在。实现文化遗产事业的可持续发展，就必须努力建立一支爱岗敬业、充满活力，在国际相关领域具有独特地位、特殊贡献的文化遗产保护专业人才队伍。

一、确立保护人才培养战略地位

加强人才队伍建设是文化遗产事业健康发展的基础，而培养造就大批具有较高素质、具有蓬勃创新精神的各类人才，直接关系到文化遗产事业的未来。进入新的世纪以来，人才竞争异常激烈，如不给予高度重视和积极应对，文化遗产保护领域的差距将愈加明显，甚至面临人才资源相对匮乏的状况。目前，在全国文物、博物馆机构从业人员中，高级专业技术人员仅占5.5%，中级专业技术人员仅占13.9%，文化遗产保护人才无论在总量和结构方面，还是在综合

① 此文发表于《中国文物科学研究》，2008年第4期，第1页，2008年12月出版。

素质方面，都远远不能适应文化遗产事业发展的需要。一方面，文物系统专业对口人员和高学历高素质人员所占比例偏低，其中全日制本科学历占职工总数仅为5%，与国家文物行政部门和国家人事部门规定的文化遗产保护管理系统全日制本科学历应该占职工总数24%的要求相差甚远。另一方面，从事文化遗产保护专业技术工作的人员，在整个文物、博物馆工作人员中所占比例不足5%，而这些从事文化遗产保护专业技术工作的人员中，受过文化遗产保护专业高等教育的人员比例也只有20%左右。同时，中青年学科带头人和高层次复合型领导人才严重不足，有利于人才会聚的用人机制有待完善。所有这些都表明，目前文化遗产保护人才队伍状况，远远不能满足事业发展要求，如不能从发展的、战略的角度加以解决，人才培养滞后将成为制约文化遗产事业发展的瓶颈。

面对文化遗产保护人才短缺的严峻形势，近年来，各级文物行政部门从文化遗产事业发展的战略高度出发，把加强文物、博物馆人才培训工作，列为文化遗产保护的四项重点基础工作之一，着眼于人才总量的增长和人才素质的提高，加强人才资源开发和能力建设，加大对重点人才特别是学科带头人和高层次领导人才的培养力度。2003年至2007年，国家文物行政部门连续五年举办了全国省级文物局局长、博物馆馆长、考古研究所所长、古建所所长专业管理干部培训班，共有400多名学员获得了高级文物、博物馆专业管理干部岗位资格证书，培养了一批能够参与文化遗产保护相关政策制定，能够组织文化遗产各项保护工作，能够主持文化遗产重大保护项目，能够承担文化遗产重点科研课题，以及能够协调文化遗产重大保护行动的高层次复合型管理人才。在此基础上，国家文物行政部门推动文物、博物馆管理干部教育培训向基层深入，推进地市文物、博物馆管理干部专业培训和全国重点文物保护单位管理机构负责人的专业培训。

近年来，陆续开展了文物保护与修复、考古发掘、文物保护规划、文物出境鉴定、文物安全保卫、博物馆藏品保管、科技成果推广等多层次、多门类的专业培训，使文物培训结构趋向完整。其中文物保护与修复的培训包含了多个方面，例如土遗址和石质文物的保护、纺织品和陶瓷文物的鉴定和保护、漆木器和青铜器文物的保护和修复、壁画的保护和保存以及文物环境监测技术的培训等，培养了一批专业技术骨干，在文化遗产保护的各个领域发挥着重要作用。多渠道联合办学的教育培训模式逐步成熟，各地文物部门加强与高等院校和科研单位的合作，走联合办学道路。在高等院校建立考古培训基地和文物建筑保护维修培训基地的探索取得初步成效。同时，中外合作培训专业人才工作持续开展。与联合国教科文组织、国际古迹遗址理事会等国际组织和意大利、法国、美国、日本、澳大利亚等国家文化遗产机构合作，进行了富有成效的人才培训合作项目，数百名专业人员从中直接受益，并使国际文化遗产保护先进管理经验和保护理念引入我国。其中，与意大利合作对我国 120 余名文物修复保护人员进行了专业培训；与日本和韩国合作开展丝绸之路沿线文物保护修复人员培养计划；与法国合作开展“博物馆藏品的预防性保护”和“工业遗产的调查与保护利用”等具有前沿性的培训项目。此外，还承办了亚洲、非洲、阿拉伯地区国家文物保护技术与管理培训班，几年来，培训各国文化遗产官员和保护技术人员 130 余人，初步展现了我国作为负责任的文化遗产大国的形象。

知识经济时代，社会发展对于自然资源的依赖程度大大降低，人力资本和无形资产已经成为推动社会发展的第一要素，尤其是具有高素质，并善于运用高科技手段从事专业工作的人才，将成为各项事业发展的关键。当前，随着大规模经济建设，数量庞大的抢救性考古任务不断出现，重大考古发现不断产生，因此，考古与历史专业人才需求巨大；随着我国世界文化遗产、历史文化名城、名镇、名村、各级文物保护单位的数量快速增长，保护规划与管理专业人才需求巨大；随着文物建筑保护修缮工作正在以前所未有的规模全面展开，文物建筑修缮理论亟须完善，勘察设计与施工专业人才需求巨大；随着博物馆建设形成高潮，并已经从数量发展型，转变为更加贴近公众的质量发展型，藏品保管条件、科技保护水平和展示服务质量亟待提升，博物馆学专业人才需求巨大；随着文化遗产保护领域和范围不断深化和扩展，大遗址、乡土建筑、工业遗产、文化线路、文化景观、20世纪遗产等文化遗产保护新成员不断涌现，文物科技保护专业人才需求巨大；随着广大民众文物收藏热情高涨，文物监管旧货市场、文物拍卖市场不断增加，文物鉴定与修复专业人才需求巨大。因此，要将人才培养视为文化遗产保护的战略任务和提升综合竞争力的核心因素，切实予以加强。

人才队伍建设是文化遗产事业发展的关键环节。需要认真研究改革中遇到的新情况新问题，推进人才培养制度和方法不断深化，改变当前人才匮乏的状况。需要通过实施科技创新人才战略，培养能够适应文化遗产事业发展需要、结构合理、内外互补的专业人才队伍，一是要适当提高行业准入门槛，积极引进优秀专业技术人才、中青年学科带头人、年轻创新型人才，改善队伍结构，提高科学技术创新能力。二是要创造有利于人才发展的环境，建立人才竞争机制、激励机制，大力推行并完善持证上岗制度、聘用制度和岗位管理制度，推行以提高业务素质和能力为目标的专业技术人才继续教育制度。三是要促进人才合理流动，降低人员分流门槛，妥善安置富余人员，建立适应市场配置人力资源的机制，用制度消除人才流动的体制性障碍。四是改革文物、博物馆事业单位分配制度，根据“效率优先、兼顾公平”的原则，将职工的收入与岗位职责、工作业绩、实际贡献相挂钩，形成重实绩、重贡献，向优秀人才和关键岗位倾斜的分配激励机制，营造吸引人才、留住人才、培养人才的和谐氛围。

二、完善保护专业教育培训体系

目前，我国的文物保护机构和人员总量，难以应对日益繁重的文化遗产保护任务，现有的文物保护专业人才的培养模式和水平，也不能满足文化遗产事业长远发展对专业人才的需求。虽然长期以来，不断采取国家或地方各级文物行政部门组织的人员培训、高等院校的教学培养、文物保护科研机构的实践学习，以及师承制等多种方式开展专业人才培养，但是，由于对专业人才培养工作缺乏系统规划，教育培训的基础地位未能真正体现，在机构设置、条件配备和资金投入等方面重视不够，导致人才队伍整体状况尚未实现根本改观，尚未在全国文物系统形成适应事业发展需要的人才培养、选拔、任用、激励机制，各地文物行政部门和相关单位也尚未建立起有效的人才培养、教育与交流体系。因此，要树立大教育、大培训的观念，建立科学的文化遗产保护专业教育和培训体系，发挥优势互补作用，构建以行业主管部门为主体，高等院校、科研机构、博物馆相结合的文化遗产保护领域人才培训网络，多渠道开展各类文化遗产教育培训工作，通过岗位培训、学历教育、师承制传授等多种途径，建立完善的人才培养模式，尽快形成文化遗产保护人才队伍的基本力量。

（1）重视高素质文化遗产保护人才培养

文物、博物馆事业单位与高等院校、科研院所同属知识密集型单位，要求从业人员具有较高学历和较高专业技术能力。培养具备文化遗产法制观念，具有文化遗产保护正确理念，掌握文化遗产保护现代技术的专业人才，是实现文化遗产事业长远发展的战略任务，而杰出学科带头人和高专业素质的人才群体，是文化遗产保护科技创新的关键性因素。因此，应通过各种方式和渠道，积极培养和引进文化遗产保护领域的高端人才，培养和造就具有较高理论素养和创新精神、掌握现代科技理论和管理知识并经过实践考验的高素质领导人才群体；培养和造就具有较高科学素养和管理能力的学科带头人队伍；培养和造就具有较强科研与技术素质的专业人才队伍。在国家重大文化遗产保护项目和工程中，要把人才培养计划放在突出位置，在基础研究、前沿技术研究、战略高科技研究和社会公益研究领域，强调项目、基地与人才建设的结合。将凝聚一支高水平的战略性基础研究队伍，发现和培养具有创新能力的优秀青年人才作为计划实施的首要任务之一。积极探索多种人才引进方式，加强科技人才的培养和储备，逐步形成多层次的文化遗产保护人才社会供给网络。同时，要采取引进、外聘的方式，集聚一批热心文化遗产保护的专家和优秀科技工作者，选择性地外聘一批国外具有真才实学的科技专家，参与文化遗产保护和人才培养工作。

（2）支持高等院校设立文化遗产保护专业

文化遗产保护人才培养的成果不在于培训中心的建设水平如何，而在于人才培养的实际效果。在现实条件下，高等院校由于具备良好的教学条件，成为培养高端人才的主要途径。目前我国已有

20余所高等院校开设了考古专业、博物馆专业、文物保护专业、文物建筑专业、建筑史专业的本科教育和研究生教育，向文物系统输送了大批优秀人才。但是，作为文化遗产大国，我国开设文化遗产保护相关专业的高等院校数量偏少。自1952年，北京大学创立考古专业，并于1983年成立考古系之后，吉林大学、西北大学、武汉大学、四川大学、山东大学、山西大学等也陆续成立了考古学专业，中山大学、厦门大学则成立了人类学专业。继南开大学率先成立博物馆专业以来，复旦大学、北京大学、吉林大学也相继设立了这一专业。1990年，文物保护专业率先在西北大学文博学院成立，至今已为国家培养了大批文物保护专门人才，成为活跃在文化遗产保护领域的一支新生力量。1998年，北京大学也开始招收文物保护方向的本科生，使文物保护专业得到加强。但是，其他设置文物保护课程的高等院校较少。目前文化遗产保护学科发展不平衡。虽然考古学已经成为国家二级学科，但是博物馆专业和文物保护专业则尚处于学科发展的初级阶段。特别是文物保护专业往往设置于考古专业或历史专业等文科专业之中，缺少理科和工科学科上的专业支持，而实际上文物保护专业更加侧重实践。

了解世界其他国家文化遗产保护人员培养状况，对于建立和发展我国特色的文化遗产保护培养模式具有借鉴作用。近年来，一些发达国家愈加重视文化遗产保护人才培养，在很多高等院校中开设了文化遗产保护专业，成为继建筑学、城市规划和景观设计之后的又一热门专业。例如根据美国高等教育指南分析，美国目前有历史保护专业的院校14所，文化遗产保护专业的院校25所。在研究生培养的层次上，有文化遗产保护专业硕士点的29所大学、博士点的5所大学，每年培养文化遗产保护专业的本科生和研究生达

500~600 人[①]。一些发达国家的高等院校和科研机构，都承担着文化遗产保护科学研究和文化遗产保护人才培养的双重任务，针对本国文化遗产特征开展相关教育培训，例如法国、意大利、丹麦开设了绘画修复保护课程与培训；芬兰开设了水下文化遗产保护课程与培训；比利时则重视文物建筑保护方向的课程与培训等。与之相比，我国文化遗产保护的高等教育尚处于起步阶段，课程设置与学科建设亟待完善。为此，我国高等院校的相关专业应根据文化遗产保护的时代任务和实际人才需求，重视文化遗产保护专业的课程设计，重视基础理论和专业理念的教育、重视研究能力与实践技能的培养，以培养学生对于正确保护理念的掌握、科学研究方法的认识和理论结合实践的能力，并结合文化遗产保护的发展趋势，将自然科学的基本理论融入相关专业课程，重视自然科学在文化遗产保护中的应用。

三、结合保护实际加快人才培养

文化遗产保护专业设立的目的，是培养具有现代文化遗产保护理念和技能的专门人才，他们应当具备相关的自然科学、社会科学的知识，能够将多学科相结合的科学技术应用到文化遗产保护实践之中。文化遗产保护科学不仅是一门跨学科的科学，还是一门多学科相结合的科学，需要从业者必须不断地加强相关知识的学习和研究。由于文化遗产保护对象的范围不断扩展，所涉及的自然科学和人文科学的领域日益广泛，因此，承担文化遗产保护教育培训的师资应该来自相关各个不同专业的专家学者，不仅涉及历史、考古、人文地理、城市规划、建筑设计等专业，而且涉及化学、物理、生物、

① 其中不包括 46 所有考古专业、752 所有艺术史专业、189 所有建筑史专业的高等院校培养的学生中从事文化遗产保护工作的大批人才。

地质、机械等学科，很多文化遗产保护的课程，也必然是由多学科的研究人员通力合作才能完成。在实际工作中，由于文化遗产的构成材料种类繁多，因此要进行科学保护，必须应用不同的成熟技术。无论是不可移动文物还是可移动文物的保护和修复，都需要具有广博知识和精湛技艺的复合型专业人员。

（1）重视各类文化遗产教育培训工作

文物行政部门要建立文化遗产教育培训的保证系统，在合作办学、人才培养、人员培训的制度、条件等方面给予有力的配套支持。为了提高文化遗产教育培训的水平，建设一支高素质的教育培训师资队伍是当务之急。要大力发展在职教育和职业培训，实施文化遗产保护继续教育工程，积极推动全国性培训体系和培训网络的建立，形成决策管理、保护研究和专业人员培训等各级资质培训体系，以及教育与实践相结合的培养机制，努力培养复合型专业人才。在职培训的优点是人员的职业已经固定，学习的目的明确，往往具有一定实际经验，经过培训理论水平和操作技能可以迅速提高。但是由于参加培训人员的情况多有不同，所学专业差别较大，也会给教学带来一定的难度。各级文物行政部门要积极探索新型教育模式，逐步建立文化遗产教育培训专家库，鼓励文化遗产领域的著名专家学者积极参与教育培训活动，培养更多的文化遗产学科的教育专家。当前，文化遗产保护科学理论发展很快，通过文物部门、高等院校、科研机构相结合开展文化遗产教育培训，也可以促进文化遗产保护学术交流，科学技术信息资源共享，实现相关各方互补提高，达到促进共同发展的目的。文化遗产教育培训工作不但要具有规范性、系统性，而且应具有开放性、国际性，通过合理利用国外教育资源，积极吸引和聘用海外教育培训人才，与国内外重要的文化遗产保护研究机构合作，拓宽人才培养途径，实现人力资源的共享。

（2）重视各类文化遗产保护职业教育

职业教育可以给予受教育者从事某种职业所需的知识和技能。实施职业教育的机构往往有职业大学、中等专业学校、技工学校等，教育内容根据实际需要而定。职业教育的优点是紧跟实际需要，机制灵活，培养速度快，学员动手能力强，操作熟练。缺点是学生理论基础需要巩固，自主学习能力需要加强，自我完善和发展潜力需要提高。我国在文化遗产保护方面的职业教育还很薄弱，与一些国家职业教育的模式和水平相比还有一定差距。目前只有少数学校设立文物鉴定与修复专业，开设的文物保护与修复专业课程有限，学生的动手能力培养基本以传统修复为主。目前正值我国职业教育结构的调整时期，即由过去以工科类职业教育为主，逐渐发展为多门类、多学科并举发展的局面。应该利用这一结构调整契机，培养和发展一批注重文化遗产科技保护和修复人员培养的职业学校和专业，形成目前急需的文化遗产保护技能型人才的培养、定级和使用机制，为文化遗产科技保护工作不断输送合格的实践型人才。

目前我国文物收藏机构拥有各类文物藏品约2000万件，但是掌握成熟文物修复技术的专业人员仅数百人。我国文物博物馆行业有8万多名从业人员，但至今没有专业性的技术培训中心，而以基础教育、素质教育为主的高等院校学历教育，也难以满足对动手能力和实践经验要求较高的文化遗产保护和修复专业人才的需求。由于掌握修复技术的专业人才资源严重匮乏，专业人才队伍青黄不接，导致大量亟待维护、修复的珍贵文物只能“无奈地等待”。我国传统修复技术的发展，与师承制有着密切的关系。师承制是以拜师收徒的方式进行人才培养，是一种传统的传授与学习方法，在包括文物修复在内的传统技艺传承中应用较多。今天，在文化遗产保护的某些领域，由专家带徒弟仍然不失为一种培养专业技术人才的有效途径和适用方法。例如许多身怀绝技的老专家、老技师文物修复手艺精湛，掌握很多特殊技法和工艺，但是他们往往年事已高，难以从事课堂讲学和著书立说。因此，通过带徒弟，言传身教，将一生的学术经验和传统技艺加以传承，使文化遗产得以保护。然而，师承制这一培养人才方式，目前在我国文化遗产保护人才培养中数量不大，究其原因是因为随着时代的发展，人员流动性增大，学员兴趣不稳定，往往师徒之间难以形成互动，而后继乏人更使传统技能面临失传的危险，虽然近年采取了一些补救措施，但仍然不容乐观。因此，如何在现代经济社会发展的条件下继承和发展师承制，需要深入探索和建立更加具有针对性的鼓励方式和制度保证。

（3）重视文化遗产青少年教育

青少年是未来社会的主人，是未来文化遗产的保护者。因此，开展文化遗产青少年教育具有前瞻性和引导性的突出价值。2004年6月，在我国苏州召开的第28届世界遗产大会通过了《世界遗产青少年教育苏州宣言》。作为实现世界遗产青少年教育集体行动纲领，《苏州宣言》提出“让全世界所有青少年均接受世界遗产教育，确立保护世界遗产的意识，自觉担负起保护世界遗产的责任”的目标。宣言同时呼吁各国应大力支持世界遗产青少年教育，制定本国的行动纲领，提出具体的目标和措施，作为本国世界遗产青少年教育的行动指南。我国应针对鼓励和教育青少年关心文化遗产的需求作出积极反应。但是，实际上目前文化遗产青少年教育状况令人担忧，尽管全国政协委员和专家学者一再呼吁，文化遗产青少年教育在学校教学活动中仍未得到应有重视。针对当前文化遗产青少年教育的薄弱状况，在国家层面应构建起推动文化遗产青少年教育的工作格局，鼓励和支持更多的学校开设文化遗产相关课程，将文化遗产教育内容系统地落实在小学、中学、大学阶段的课程教育计划之中，普及文化遗产知识。同时，应在社会上充分利用广播、电视、书刊、网络等媒体广泛开展青少年文化遗产教育。

（4）重视社会公众文化遗产教育

社会公众文化遗产教育，长期以来是我国社会教育的薄弱环节，必须引起高度关注。因为文化遗产教育关系到维护民众的文化权益，即享用文化遗产成为一项基本人权；关系到民众的精神生活质量，即文化遗产能有效地丰富和提高人们的精神和知识素质；关系到促进社会发展，即文化遗产保护所带动的综合效益能成为城市发展的积极力量；关系到维护国家利益，即文化遗产保护能有利于社会和谐、国家统一、民族复兴。面对广大公众的文化遗产教育的持续开展，将唤起全社会保护文化遗产的积极性，使文化遗产事业具有更加坚实的社会基础。我国文化遗产与传统文化互为表里、合为一体。没有传统文化素质，则无法准确理解、欣赏、传播文化遗产的历史、科学、艺术价值，无法有效地发挥文化遗产的精神功能、文化功能。因此，应将开展文化遗产教育和恢复传统文化教育作为提高社会公众文化遗产保护意识的基本手段。

在中央党校文化遗产保护专题研讨班开班典礼上的致辞

（2009 年 4 月 7 日）

中央党校文化遗产保护专题研讨班今天开学了，我向前来参加研修的各位书记、市长表示热烈的欢迎，向中央党校表示衷心的感谢！

当前，我国正处在改革与发展的关键阶段，文化遗产事业面临着前所未有的重视和前所未有的挑战。“前所未有的重视”是指国家对文化遗产保护高度重视，各级政府大力支持，全社会积极参与，都为文化遗产事业提供了良好的发展机遇。“前所未有的挑战”是指在工业化、信息化、城镇化、市场化、国际化深入发展的背景下，大规模的经济建设、城乡建设和基础设施建设，以及旧城改造、新区开发、新村建设，使文化遗产保护与经济发展的矛盾凸现，文化遗产保护处于最紧迫、最关键的历史时期。应该清醒地看到，与我国经济快速发展相比，文化遗产事业的发展还相对滞后，同全面建设小康社会的要求不相适应，同广大民众日益增长的精神文化需求不相适应，同我们应有的国际地位不相适应。

保护好、传承好我们祖先留下来的珍贵文化遗产，是我们各级政府的重要职责。在实践中我们看到，各地政府在推动经济社会发展的过程中，加强对文化遗产保护工作的领导，坚决贯彻执行《文物保护法》，贯彻落实国家文物工作方针，加强法制建设，深入探索文化遗产保护工作规律，依法履行政府保护文化遗产的职责，在机构设置、人员编制方面给予大力支持，在财力上加大投入，使文化遗产保护走上法制化、规范化的轨道，取得明显成效。但是也应看到，在大规模的经济建设、城乡建设中，损毁破坏文化遗产及其原生环境的现象不断发生，法人违法现象还不同程度存在，文物刑事案件有所上升，文物安全事故也时有发生。文化遗产不可再生，失不再来。我们要按照科学发展观的要求加强文化遗产保护，使文化遗产事业成为促进国民经济又好又快发展的积极力量，成为让人民共享发展成果的积极力量，成为建设创新型国家的积极力量，成为增强中华文化国际影响力的积极力量。

中央党校这次举办文化遗产保护专题研讨班，是一项具有创新意义的重要举措。研讨班时间虽然不长，但是很有特色，教学内容丰富全面，讲课老师有中央党校教师，有大学教授，有文化遗产管理、城市规划的专家学者，还有媒体记者。意大利驻华大使谢飒先生也将给研讨班作讲座，介绍意大利在文化遗产保护方面的做法，帮助大家开拓视野。50多名地市领导同志在百忙中抽出时间参加这次学习研修，充分体现了大家对文化遗产事业的高度重视。在座的各位学员都工作在拥有重要文化遗产的城市，这些文化遗产是珍贵的物质资源、精神资源、文化资源。保护好这份珍贵的资源，对促进经济社会发展、建设先进文化、提高人民生活质量、树立城市文明形象，都具有重要意义。我们希望通过这次中央党校专题研讨班，进一步提高认识，统一思想，凝聚力量和智慧，贯彻落实科学发展观，促进文化遗产保护工作上一个新的台阶。

希望学员们把文化遗产保护作为全面建设小康社会的一项重要任务来抓好，在工作中坚决贯彻执行《文物保护法》，依法履行政府保护文化遗产的职责，增强法律意识和责任意识，健全完善地方文化遗产保护的法规建设，依法保护文化遗产，切实落实文化遗产保护工作“五纳入”，特别是在城市发展规划中突出强调文化遗产保护工作，使文化遗产保护工作步入法制化、规范化的轨道。依法抵制法人违法损毁破坏文化遗产现象，严厉打击盗窃、盗掘、走私文物等犯罪活动。充分发挥文化遗产保护工作在促进经济社会发展的积极作用，实现区域经济社会发展与文化遗产保护相互促进，相得益彰。

希望学员们加强对文物部门工作的领导，在机构设置、职能配置、人员编制方面予以充分支持，定期听取他们的工作汇报，帮助他们解决实际困难，协调各个部门对文化遗产保护的支持和合作，努力形成有利于文化遗产事业发展的强大合力。积极指导文物部门夯实基础工作，抓好重点工作，当前要重点抓好第三次全国文物普查工作，希望各位学员加强对这项工作的指导帮助。要投入更多的人力、财力、物力，加强对文化遗产的抢救保护，把我们祖先留下的文化遗产保护好，世世代代传承下去。

希望学员们注重宣传、动员、组织广大民众支持和参与文化遗产保护。广大民众是文化遗产的创造者、使用者和守护者，是文化遗产保护工作的主体，是文化遗产事业发展最重要的根基。文化遗产保护工作要从广大民众的根本利益出发谋发展、促发展，在动员组织广大民众支持和参与文化遗产保护的同时，多做保障广大民众基本文化权益的事情，在使文化遗产保护的成果改善民生、惠及民众方面办实事，见实效。

我们真诚地感谢中央党校举办文化遗产保护专题研讨班，希望把这个研讨班继续办下去，并把文化遗产保护课程纳入党校的重点课程，融入省部级、地市级干部以及各个进修班、培训班的教学计划。同时也希望中央党校加强对文化遗产保护的理论研究，以理论创新推动文化遗产保护实践创新。国家文物局将义不容辞地支持中央党校做好工作。

赴日留学生预备学校 30 年校庆感言

（2009 年 8 月 16 日）

“什么叫母校？母校永远是每一个走进来、走出去学子的家”。——柳袁照

往事如昨、岁月如歌。接到校庆的通知，唤起了我对于母校——赴日留学生预备学校，那段学习时光的美好回忆。1979 年 3 月 21 日下午，我参加“赴日留学生预备学校开学典礼”时的心情，可能和其他同学并不一样，虽然我也曾经是 78 级的本科学生，但是，在参加高考进入大学之前，我已经有过两年“务农”和八年“务工”的生活经历，带着手上的“老茧”，重新坐在教室里上课，对于我来说更为难得、更为期待，倍感幸运、倍感珍惜。

作为赴日留学生预备学校的第一届学员，30 年前，我们来自五湖四海的热血青年，以饱满的热情投身于紧张学习，“为中华崛起而读书”“人生能有几次搏”的号召，使我们热血沸腾。一年时光，对于人生来说并不算长，但是，这里是我们生活中的新起点，生命中的加油站。在这里我们获得了知识，更获得了信心、获得了希望。这些精神财富在此后的人生道路上，发挥了其他任何体验所无法替代的作用。在赴日留学生预备学校的学习生活中，令人难忘的事情不胜枚举，有中国和日本老师们的音容笑貌，有班主任近藤功老师为说明一个单词而画的连环画，有在教室里设立的“罚钱袋”，有

躺在老虎公园大树下面背诵课文时的惬意，有斯大林大街上整个冬季覆盖的冰雪，更有南湖公园夏季里师生们难得的休闲聚会……所有这些，永远留存在我的记忆中。

1980年3月，我们97名学子，带着祖国的重托和老师们的殷切希望，义无反顾地求学于异国他乡。作为改革开放后，中国赴日留学的第一批本科生，无论在学习上，还是在生活中，都受到日本老师、同学和友人们的悉心指导与照顾。当时，我读书的学校是“东京职业训练大学校”，是由日本劳动省设立的一所具有特殊教育计划和课程设置的学校，也是当年中国政府派遣本科留学生最多的学校。我们在学校读书期间，曾经有三个年级的27名中国同学在一起。这所学校的特点是强调学习与实践相结合，教学内容紧扣各专业领域的学科发展和科学技术前沿，并与相关企业建立紧密的合作教学关系，学习过程中穿插有到企业实习和到学校教书等实际操作课程。4年之后完成学业，我们回到了祖国。

时间过得真快，已经到了可以写回忆文章的年龄了。从进入赴日留学生预备学校读书，至今已经30年过去了。30年，只是时空流转中的一瞬，但是我们度过了一生最美好的黄金时光。感谢母校给了我们今天这样的机会，认真回顾一下学习和工作，感慨很多、感触很深，择其三点，向母校的老师和同学们汇报。

一是学以致用——将所学到的知识用于事业。我在日本学习的专业是建筑学，城市规划专门化，毕业论文是“关于传统的建造物群保存地区的保护与复兴的研究”[①]，内容既涉及城市规划学科知识，又与文物保护领域相联系。毕业回国以后，我始终遵循着这样一条专业路径走到了今天。20多年来，先后在北京市规划局、北京市文

① 注：“歴史的街並みの保存と再生に関する研究”。

物局、北京市规划委员会、国家文物局工作，即始终在城市规划和文物保护这两个专业部门之间调动。在日本学习到的专业知识，很快应用到了工作实践。例如在城市规划方面，先后主持参与了《北京旧城25片历史文化保护区保护规划》《北京奥林匹克公园总体规划》《北京商务中心区总体规划》和《北京历史文化名城保护规划》等一批专业规划的编制。在文化遗产保护方面，积极倡导加强工业遗产、乡土建筑、20世纪遗产、文化线路、文化景观等新型文化遗产的保护。在学术方面，曾获得美国规划协会“2005年规划事业杰出人物奖”，这是该协会100年来第一次将该奖项颁发给外国规划师。我热爱自己的工作岗位和专业，但是也深知这项工作的历史责任。当前，我国面临着城市化加速进程，无论任何国家，在这样的历史阶段，必然是城市发展、经济建设与文化遗产保护之间矛盾最尖锐的历史时期，必然是文化遗产保护最紧迫、最关键的历史时期，我们将继续努力。

二是力所能及——为促进中日友好作出贡献。近年来，积极推进中日两国在文化遗产领域的合作蓬勃开展。在文化遗产保护合作方面，包括2004年竣工的陕西大明宫含元殿遗址保护工程；2009年3月竣工的河南龙门石窟保护修复工程、新疆库木吐喇千佛洞保护修复工程和陕西唐陵石刻保护修复项目等。去年中国四川省汶川地震发生后，中日两国专家联合在成都召开了“文化遗产地震对策研讨会”。在举办文物展览合作方面，近年来，在日本举办的中国文物展览数量最多，每年都有10个左右展览在日本各地展出。[①]这

① 例如2003年的《故宫博物院藏文物展》《孔子文物展》等；2004年的《中国国宝展》《中国兵马俑展》；2005年的《走向盛唐展》《遣唐使展》等，以及在爱知世博会举办的《中国文物展》《井真成墓志特展》；2006年的《中国国家博物馆藏名品展》《景德镇千年展》等，2007年的《纪念中日建交35周年特展》《地毯展》；2008年的《大三国志展》《天马传说与丝绸之路展》等；2009年的《西藏考古与艺术展》等。

些展览分别与日本NHK、朝日新闻社、共同通讯社、产经新闻社、创价学会等机构和单位合作，在东京国立博物馆、福冈九州国立博物馆、大阪国立国际美术馆、东京富士美术馆等博物馆举办，其间，日本天皇夫妇、历任日本首相多次参加开幕式和观看展览，一些展览应邀在日本各地持续举办，参观人数超过百万，有力促进了中日文化交流，特别是沟通了两国民众的文化情感。在文化遗产保护人员培训合作方面，2005年，国家文物局与日本文化财保护艺术研究助成财团签署了“中日丝绸之路沿线文物保护修复技术人员培养合作协议”。该项目为期5年，总金额1.25亿日元。在文化遗产保护国际事务合作方面，中日文化遗产保护部门和机构相互信任、相互支持。特别是在世界遗产申报、监测和管理方面，双方受相关国际组织委托，互派专家为对方的遗产地进行考察评估；在国际古迹遗址理事会和国际博物馆协会的活动中，双方积极合作，互派代表出席在对方国家举办的各类国际会议。

三是坚持学习——不忘母校老师的培育之恩。在赴日留学生预备学校养成的学习习惯使我终生受益。30年来，我始终未敢放松学习，特别是，2003年考取了清华大学建筑学院博士生课程，师从两院院士吴良镛教授，经过几年苦读，取得建筑学博士学位，并获得清华大学2008年度优秀博士学位论文一等奖。目前，我参与清华大学、北京大学的研究生教学工作，并在西北大学、中国艺术研究院指导6名博士研究生学习，这些对自身的学习也有很大帮助。近年来，为了提高专业能力和学术水平，坚持每年撰写一本专著，先后出版了《城市化发展与文化遗产保护》《从“功能城市”走向“文化城市”》《从“文物保护”走向“文化遗产保护》《文化遗产保护与城市文化建设》等书，其中《从“功能城市”走向“文化城市”》一书，获得了第一届“中国建筑图书奖”。我还利用全国政协委员、首都规划建设委员会委员等身份，积极发挥相关专业的作用。如今我每周都坚持用三天左右时间，到各地考察文化遗产，调研并解决相关问题。有人说和我在一起工作很累，“必须守时”“必须当日事、当日毕”等。实际上我心里很清楚，这些都是“留日综合征”，因为当年赴日留学生预备学校的老师们就是用这种精神，言传身教指导我们的学习，要求我们珍惜生命中的每一天、每一小时、每一分钟，久而久之养成的工作和学习习惯，想改也改不了。

30年的回首，除了欣慰，还有喜悦。30年后的聚首，除了感慨，更多的则是感动。衷心感谢母校的哺育、老师的教导、同学的相助。我相信，每一届赴日留学生预备学校的同学们都会有同样的感受，我相信今天遍布全球的校友们，什么时候都难以割舍对母校的思念与感恩，赴日留学生预备学校的精神将永远激励我们前行。

几天前，我在光明日报上，看到江苏省苏州第十中学柳袁照校长的一篇回忆母校的文章，他说：“母校有取之不尽的精神矿藏。这里每一条路、每一间房、每一棵树都是古迹，都是历史，超越这一切之上的，是母校一贯以来的文化气息和教育风尚”[①]。最后，作为职业习惯，我想赴日留学生预备学校今天已经有了漂亮的新校舍，而令人难忘的老校舍，是否应该作为“文物保护单位”加以保留，让我们永远怀念她。因为，她是中国改革开放的历史见证、她是中日友好交流的历史见证、她是“每一个走进来、走出去学子的家”。

① 柳袁照：《是园林，更是一所伟大的学校》，载《光明日报》，2009-8-4（4）。

在西藏自治区文物保护工程培训班开班典礼上的致辞

（2009年10月18日）

我们刚刚度过了庆祝新中国成立60周年和西藏民主改革50周年激动人心的时刻，西藏自治区文物保护工程培训班今天开学了，首先对来自西藏文物保护工作第一线的管理人员、工程技术人员表示热烈的欢迎，向为这次培训工作付出辛勤努力的西藏自治区文物局的各位同人表示衷心的感谢！

当前，在全社会的广泛参与和支持下，我国文化遗产事业快速发展，西藏的文化遗产保护工作也取得了重大成就，特别是布达拉宫、罗布林卡和萨迦寺三大重点文物保护工程的胜利竣工，书写了西藏文化遗产事业蓬勃发展的新篇章。在此，我要向在座的为西藏文物保护作出卓越贡献的朋友们表示崇高的敬意！

西藏是一片美丽富饶的神奇沃土。千百年来，勤劳勇敢的西藏各族人民，以其非凡的创造力，在世界屋脊上留下了大量瑰丽灿烂的文化遗产，是中华民族文化宝库乃至世界文明宝库的重要组成部分。保护好这些文化遗产，事关文化传承、历史延续，事关民族团结、祖国统一。“十一五”期间，国家确立了5.7亿元文化遗产保护经费用于西藏自治区22处重点文物的保护维修，目前已开工13处，其余9处将陆续开工，工作任务十分繁重。希望大家以对国家、对民族和对历史高度负责的态度，增强光荣感、责任感和使命感，以科学严谨的态度，扎实工作，为西藏文化遗产事业再立新功。

我们结合这些文物保护工程举办这次培训班，目的就是加强对藏式文物保护勘察设计、施工和监理等技术队伍的培养，加强西藏文化遗产保护工作的能力建设，希望在西藏自治区建立起一支包括勘察设计、施工、监理的高水平的文化遗产保护队伍，真正做到文化遗产保护与当地经济社会发展紧密结合，使文化遗产保护成果惠及广大民众。文物保护维修是一项涉及面广、技术要求高、工作难度大的系统工程，既要按计划完成任务，又要确保文物建筑及其环境风貌的真实性和完整性。特别是由于西藏文化遗产的独特性，在设计、施工等环节中要注意保护藏式建筑的传统因素，包括传统材料、传统技术和工艺。这就要求我们这些文物保护工程勘察设计人员、施工人员、监理人员以及工程管理人员树立正确的文物保护理念，学习相关法规，认真研究相关技术标准并严格执行，正确运用传统工艺和技术，确保今后的文物保护工程经得起时间和历史的检验。

我们举办这次培训班，邀请了西藏自治区和全国在藏式建筑的保护、研究特别是工程方面卓有建树的专家，通过法规、标准及工艺、技术方面的培训，提高大家从事文物保护工程的水平。希望大家珍惜这次学习机会，树立良好学风，学有所获，圆满完成培训任务。

试论读书与写作

（2009年11月2日）

读书不一定写作。但是，我喜欢“读书加写作”的学习方式。

由于我的专业背景是建筑师，长年从事城市规划工作，工作对象包罗万象，希望接触了解各方面的知识，因此过去的阅读范围较广，但是，基本处于“急用先学、学而不思”“浮光掠影、蜻蜓点水”“浅尝辄止、不求甚解”的学习状况。后来，到文物部门工作，周围专家学者多，不少是读了一辈子书、教了一辈子书、钻研了一辈子学问的“大家”，甚至是在历史学、考古学、博物馆学，或者古建筑研究等领域如雷贯耳的“泰斗”，深感自己“才疏学浅”，如果依然终日忙碌于会议、活动、应酬，必然难以胜任工作。于是我开始调整读书学习的方法，措施之一，就是“读书加写作”，即带着工作中亟需研讨的问题，深入阅读相关理论书籍，再把学习收获系统地撰写下来。例如：

——2005年底，在编制“中国文物事业十五规划”的过程中，认识到当前我国正在经历城市化加速发展进程，这一时期必然伴随大规模的城乡建设，是经济发展与文化遗产保护之间矛盾最集中、最尖锐的时期。因此，面对快速变化的形势，必须要有正确的判断，用创新的理念指导工作。为此，我集中精力研读了关于新时期经济发展规律和体制改革方面的一些理论著作，撰写了《城市化发展与文化遗产保护》（2006 年 6 月）一书，在分析“我国城市化发展与文化遗产保护态势”的基础上，提出“历史性城市保护的协调发展观”“历史城区的整体保护观”“历史街区保护的‘有机更新’观”等观点，归纳出“城市建设与加强文化遗产保护的战略思考”。

——2006 年秋，建设部、文化部和国家文物局决定，于 2007 年 6 月在北京联合召开“城市文化国际研讨会”，这是国家建设部门和国家文化部门首次携手研究城市文化建设问题，希望通过这次大型国际会议，对正在各地开展的大规模“旧城改造”，以及日趋严重的“千城一面”现象进行反思，在城市建设中更加关注文化遗产保护。为此，我集中精力研读了关于“城市”“文化”与“城市文化”方面的一些理论著作，撰写了《从“功能城市”走向“文化城市”》（2007 年 6 月）一书，在分析“城市文化问题研究的现实意义”的基础上，通过研究传统文化、地域文化和文化多样性对城市文化的影响，归纳当前城市文化建设出现的 8 个方面的问题，提出了“从‘功能城市’走向‘文化城市’的发展路径”。

——2007 年 4 月，《国务院关于开展第三次全国文物普查的通知》印发，标志着有史以来规模最大的一次文化遗产资源调查正式启动，这也是国务院部署的一项重大国情国力调查，普查范围包括我国境内地上、地下、水下的全部不可移动文物。为了对新时期文化遗产资源进行正确定位，特别是对近年来国际文化遗产领域积极倡导的乡土建筑、工业遗产、20 世纪遗产、文化线路等新型文化遗产进行科学合理界定，及时将这些文化遗产列入全国文物普查范围，为此，我集中精力研读了国际新型文化遗产保护方面的一些理论著作，撰写了《从“文物保护”走向“文化遗产保护”》（2008 年 11 月）一书，在分析“国际文化遗产保护的发展与演变”“我国文化遗产保护的发展与实践”的基础上，归纳出“我国新时期文化遗产保护的发展趋势”，并提出“关注新型文化遗产的保护”的具体意见。

——2008 年 6 月，“世界遗产保护 · 杭州论坛”召开，在我国首次提出了“文化景观遗产”保护的问题，引起文化遗产保护领域的广泛关注。为此决定将明年召开的“中国文化遗产保护无锡论坛”主题确定为“文化景观遗产”保护，启动这一文化遗产类别在我国的保护行动。这一新型文化遗产的开拓性实践亟需理论支撑，需要结合我国国情深化研究。为此，我集中精力研读了“景观”“生态”和“环境”方面的一些理论著作，撰写了《走进文化景观遗产的世界》（2009 年 11 月）一书，在归纳国际社会“文化景观遗产保护的理论探索”的基础上，根据我国文化遗产资源的特点对文化景观遗产进行分类，阐释不同类别文化景观遗产的特征，提出了“保护文化景观遗产的若干途径”。

——2010 年 10 月，国际博物馆协会第 22 届大会将在我国上海召开，这是全世界博物馆领域的一次盛会，也是向世界各国同行学习，提升我国博物馆理论与管理水平的一次好机会。当前我国博物馆事业正在经历前所未有的快速发展，并在全世界率先实现了数以千计的博物馆向全社会免费开放，这一新的形势对博物馆界来说，既是机遇，也是挑战。因此，亟需对我国博物馆事业发展状况和未来趋势进行梳理和展望，通过扩大国际交流与合作推动我国博物馆建设的良性发展。为此，我开始集中精力研读国内外关于博物馆学方面的一些理论著作，着手撰写《从“数量增长”走向“质量提升”》一书。

以上的实践和收获使我认识到，不但要高度重视学习，而且要不断摸索学习的方法。“读书加写作”，可以提高学习自觉性，可以增强学习效果。“读书”与“写作”具有辩证关系。一方面，读书是写作的基础，只有通过阅读，获得新的知识、了解新的思想、树立新的观念，才能提高写作的“准确性、逻辑性、深刻性、敏捷性、创造性”。另一方面，写作是读书的深化，写作有利于“把零散的东西变为系统的、孤立的东西变成相互联系的、粗浅的东西变为精深的、感性的东西变为理性的”，实现“阅读与思考的统一”。因此，“读书加写作”不失为一种学习的方法，通过几年的实践，我得到以下四点体会。

一是要增加学习的针对性，着重研究现实工作中最紧迫的理论问题。“当今世界和当代中国正在发生广泛而深刻的变化”，日常工作中必然不断遇到复杂的理论问题。读书，才能站得高、看得远；才能使“知识不老化、思想不僵化，能力不退化”。特别是要带着问题确定学习方向，力求理论紧密联系实际，通过潜心“读书加写作”，攻克影响实践与发展的最紧迫的问题，往往随着主要问题被梳理清楚，其他问题也就会迎刃而解。同时，通过“读书加写作”，使自己的观点不断为人所知，接受赞同或质疑，有利于不断有所理论建树，形成自己经过研究获得的独到观点，增强学术发言权和工作主动性。

二是增加学习的计划性和系统性，“读书加写作”要突出重点。“理论联系实际，首先要有理论，然后才能去联系实际”。当前国内外相关理论著作甚多，“一得之见、一家之言，自有可供学习参考者，但也常失之过分烦琐；新理论新概念层出不穷，研究者自应随时关心，但也往往使初学者与社会无所适从”。我在读博士研究生的时候，导师吴良镛教授就曾提倡“建立在复杂体系中的整体观念”，系统明确，把握方向，突出重点，创造性地处理问题。多年来遵循这一教诲，受益匪浅。因此，要注重阅读权威理论著作，要关注当前最新理论动态，同时，结合工作调研，加以整合归纳，形成系统观点。

三是要坚持理论联系实际的学风，注重学习成果的应用和转化。毛泽东同志说过，“读书是学习，使用也是学习，而且是更重要的学习”。读书不是目的，写作也不是目的，掌握真理、指导实践是最终的目的。正如习近平同志所说：“书本上的东西是别人的，要把它变成自己的，离不开思考；书本上的知识是死的，要把它变为活的，为我所用，同样离不开思考。”因此，无论是读书还是写作，都要以正在做的事情为中心，着眼于对实际问题的思考，着眼于新的实践和新的发展。同时，要体现自己学习的收获体会，要用自己的语言，这样“读书加写作”才能取得实效，学习成果才能成为指导实际工作的“灯塔”。

四是要处理好“工”“学”关系，掌握好“读书加写作”的节奏。作为担任一定行政职务的机关工作人员，首先必须完成日常的繁重工作，不可能每天拿出大量时间用于读书与写作。但是，又要把读书与写作作为日常生活必不可少的内容，细水长流、持之以恒，科学合理地安排时间。这些年，我每天晚上大约用 2~3 小时的时间读书与写作，渐渐成为习惯，晚饭后、书桌前、台灯下，放松心情，全神贯注，既有利于平衡一天紧张的工作节奏，又可以取得较好的学习效果。这样日积月累、水到渠成，每年自然就能阅读几十本书，撰写形成一部大约 20 万 ~30 万字的专著，几年下来也就先后出版了 5 部专著，上百篇论文。

如今，每天吃过晚饭，沏上一杯茶，摊开喜爱的书籍，打开电脑，这是每天最美好的个人时光。“身体靠锻炼，心灵靠读书”，在“读书加写作”中，工作难题得以化解、生活真谛得以获得，其乐无穷。有人说现在工作太忙，没有时间写作，等到今后退休以后静下心来，再开始把要写的东西写下来。对此，我却有不同看法，今天我们在工作岗位上，读书与写作容易联系实际，容易获得第一手资料，研究成果能够应用于实践，因此，读书与写作正当其时，待若干年退休以后，可以阅读一些在工作岗位上想读而没有时间读的书籍，再加上经常“打上老酒、约好老友、话说当年、其乐融融”。我想该工作的时候就奋力拼搏，该休息的时候就好好休息。

领导科学是一个“复杂的巨系统”，包括各种要素及其相互联系。各级领导干部所面对的事物，往往具有整体性、系统性、综合性、前瞻性、开放性和动态性等种种特点，“思维的进程及思维成果的产生更多地呈现非线性的特征”，组织经验与知识结构将不断受到挑战。因此，我们在读书与写作的过程中，就必须重视知识和经验的融合，智慧和灵感的积累，善于多样性思考、创造性思维，力求掌握事物总体的发展规律，洞察事业前沿的突破点，这样才能将有限的学习时间用在最有效的成果上。另外，领导干部通过读书与写作，除了希望获得较广博的综合知识和专业知识外，还有利于获得“理智与筹算、热情与诗意等美德”，获得对人生意义新的感悟，以及增强团队精神、创造能力、社会活动能力与运营管理能力等。只有经历一次次痛苦与愉悦的修炼，才能体会到学习的无穷乐趣。

我有幸在我国经济大发展、社会大变革的时代，参加城市规划和文化遗产保护实践，体味其中甜酸苦辣。20多年来，我曾数次在城市规划部门和文物保护部门之间调动工作，在工作中一直有一种感觉，就是一方面，城市规划领域对于文化遗产保护的实际问题始终关注不够，特别是在不少城市并未把文化遗产保护作为城市文化建设的重要组成部分加以重视；另一方面，文化遗产保护领域长期自我封闭，很少主动争取纳入城市发展战略规划。因此，长期以来一直希望能够运用城市规划和文化遗产保护两方面的工作实践体会，通过“读书加写作”,探讨沟通两者之间的方法,使相关学科融会贯通、相互集成，带来倍增的研究与实践效果。

几年来，“读书加写作”使我得以带着问题研究，带着答案实践，不少学习成果获得及时转化，甚至一些曾在书中提出的建议，如今也变成了现实，或成为正在努力推进的目标。例如关于实施大运河、丝绸之路等线型文化遗产整体保护的建议；关于开展涉台文化遗产、我国早期木结构建筑群等“系列遗产”保护的建议；关于实现以首钢、江南造船厂等为代表的工业遗产保护性再利用，带动全国工业遗产保护的建议等，都取得了积极的进展。同时，通过读书与写作，先后提出了“文化遗产保护与城市文化建设”若干新的课题，即对“遗产大国与遗产强国”“单体保护与整体保护”“政府保护与全民保护”“有效保护与积极保护”“文化遗产与文化资源”“文化积累与文化创造”“文化定位与文化复兴”“经济时代与文化时代”等八个方面的关系给予新的思考，提倡采取更加积极的方针，更加科学的方式，更加有效的方法保护文化遗产和建设城市文化。

今年4月23日是“世界读书日”，温家宝总理来到国家图书馆与广大读者交流读书心得，指出“书籍是人类智慧的结晶。读书决定一个人的修养和境界，关系一个民族的素质和力量，影响一个国家的前途和命运。一个不读书的人、不读书的民族，是没有希望的”。今年5月13日，习近平同志在中央党校发表了《领导干部要爱读书读好书善读书》的重要讲话，这些在党内外引起了强烈的反响。中央领导同志的一系列关于读书学习的讲话立意高远，需要我们认真领会和思考，从我做起，身体力行，“真正把读书学习当成一种生活态度、一种工作责任、一种精神追求”，“认认真真地学习、与时俱进地学习、持之以恒地学习”，当好学习型政党、学习型社会建设的衷心拥护者、积极实践者和大力推动者。

在清华大学建筑与城市研究所成立 25 周年纪念座谈会上的致辞

（2009 年 11 月 5 日）

今天是清华大学建筑与城市研究所成立 25 周年的喜庆日子。在此，我谨代表国家文物局并以我个人的名义，向建筑与城市研究所的老师和同学们致以热烈的祝贺！

清华大学是我的母校，我能参加研究所成立 25 周年纪念座谈会感到非常荣幸和亲切。作为学生，我对建筑与城市研究所表示诚挚的谢意；作为文物管理部门的工作人员，我对建筑与城市研究所表示崇高的敬意。

清华大学建筑与城市研究所成立二十五周年纪念座谈会

建筑与城市研究所是随着中国改革开放，以及国家社会经济和城乡建设的发展而应运成立的跨院系科研综合机构，在我国建筑与城市研究领域占有特别重要的地位。25年来，在吴良镛教授带领下，建筑与城市研究所坚持教学、科研、实践三结合的方针，致力于我国建筑教育和国家城乡建设发展问题研究，取得了丰硕成果。获得国家自然科学一等奖的中国古代建筑理论及文物建筑保护研究，获亚洲建筑师协会金奖、世界人居奖的北京菊儿胡同旧城居住区更新研究，广义建筑学理论、人居环境科学导论，以及由第20次国际建筑师大会通过《北京宪章》等，已经成为中国建筑史上乃至世界建筑界的重要成果。

25年来，建筑与城市研究所极为关注我国的文化遗产保护，一些理论成果对我国的文化遗产事业产生了重要的推动作用。特别是近年来，国务院颁布了《关于加强文化遗产保护的通知》，《历史文化名城名镇名村保护条例》正式颁布实施，国家启动了工业遗产、乡土建筑遗产、20世纪遗产保护等，标志着国家对文化遗产保护日益重视，中国文化遗产保护的领域逐步拓展，保护内容越来越丰富，推动着中国文化遗产事业不断取得进步。

今天，我国正处在一个重要的历史发展时期，我国文化遗产事业也同样处于一个非常重要的历史发展阶段。随着城市化进程的快速推进，城乡建设与文化遗产保护之间的矛盾日益凸显，如何在城市建设中保持城市文化特色、在新农村建设中保护乡土建筑的历史风貌和传统魅力，是我们面临的现实问题。保护文化遗产既是政府的职责，也是全社会的共同责任。我们期待建筑与城市研究所继续关注中国文化遗产保护，为中国文化遗产事业培养更多的人才，在学术和实践上发挥引领和支撑作用，共同为文化遗产的保护和传承作出不懈努力。

提高文化景观遗产保护能力建设

（2010 年 1 月）

我国是幅员辽阔的文明古国，也是当代世界最大的发展中国家，既有悠远多姿的古老文明和丰富多彩的文化遗产资源，又有逐渐强盛的综合国力和与日俱增的国际影响。在这一背景下，应当致力于以新的观念对待新时期文化遗产学科的发展，时刻关注国际社会一切与文化遗产相关的新视点，不断针对我国的文化遗产保护实际加以研究分析，推进并开拓文化遗产保护工作，应对新挑战，提出新观念，谋求新发展。因此，要建立起新的文化景观遗产资源观念，既要以对我国文化遗产资源的深刻认识为基点，又要站在中华文明应对人类文化遗产事业作出卓越贡献的高度，使对文化景观遗产的认知水平不断提高，认知领域不断扩大，建立起多元一体的文化景观遗产资源认知体系，构建起负责任的文化遗产资源大国的应有形象。在保护实践中，为文化景观遗产寻找保护性再利用的方式越来越受到重视，人们在制定保护规划的基础上，通过保护性再利用，使文化景观遗产的重要性得以最大限度地保存和再现。保护规划应该在更宽广的范围内，为保护性再利用引领方向，以使更多的文化景观遗产融入人们的社区生活，既使它们得到有效保护，又使它们发挥出综合效益，为社会提供可持续的服务。

人类文明的传播与影响，在今日世界上留下为数甚多的文化景观遗产，而对于文化景观遗产价值的发现与认知，永无止境。当前，全社会对文化景观遗产保护的认识不断提高，参与范围不断扩大，跨学科合作渐成风气，在文化景观遗产的保护实践中，将环境、气象、地质、物理、生物、化学、旅游、农林等多种科学和技术综合运用，进行了广泛探索。同时，在文化景观遗产科学研究领域聚集了众多学科的专家学者，参与文化景观遗产保护的专业人员不但包括历史学、考古学、人类学、建筑学、城市规划学、园林学等领域的学者，也包括地理学、岩石学、水文学、地震学、矿物学、昆虫学、植物学等领域的学者，还包括社会学、经济学、档案学、统计学等领域的学者，以及文物建筑修缮、文物修复、文物鉴定等领域的专家。由此可以看出，文化景观遗产保护是一项复杂的巨系统工程，需要众多学科之间的通力合作。通过组织跨学科、跨领域、跨行业、跨部门的力量，利用现代科学技术，开展农业、矿产、水利、交通、营造、制造、纺织等领域的系列文化遗产专项调查；采用文献学方法、考古学方法、实验室方法、工程模拟方法、国际对比方法，多学科交叉渗透、多重证据相互印证的方法以及系统综合方法，深入挖掘实证我国古代发明的历史价值、艺术价值和科学价值，全面提升文化景观遗产保护研究、展示传播的整体水平。

文化景观遗产是不可再生的文化资源，风沙、洪水、海啸、冰雪、地震、雷电、泥石流等自然灾害都可能对其造成损害甚至损毁，如何提高文化遗产防灾减灾能力，建立科学的防灾减灾工作机制，有效应对重大自然灾害的威胁，是对文化景观遗产保护工作提出的新课题。我国是一个自然灾害多发的国家，要求在生产、生活等各个领域、各个方面都牢固树立防灾意识，采取对自然灾害的预防、预警措施，文化景观遗产也是如此。树立科学的文化景观遗产防灾意识，就是树立文化遗产安全的忧患和危机意识,即有针对性地采取科学、有效的措施，有意识地主动避免自然灾害对文化景观遗产的损害。针对文化景观遗产的防灾减灾，首先，要对其所处的地质地貌和天文气候等自然地理环境进行科学研究和分析，明确可能危害文化景观遗产安全的主要自然灾害，为采取科学有效的防灾措施提供科学依据，进而加强利用科技手段的防范。其次，文物行政主管部门应与气象、地质、地震等相关部门保持经常的联系与沟通，及时取得和掌握自然地理和气候变化的准确信息资料，为防灾减灾工作提供依据。第三，做好增强灾害防范意识的宣传教育，使文化遗产保护工作者和相关人员树立防灾意识，提高全员防灾能力。

我国文化景观遗产分布广泛，很多地区又是地震灾害多发区。2008 年四川汶川特大地震给当地民众和社会经济带来重创，同时对灾区文化遗产也造成了巨大损失。在文化遗产保护领域，防灾减灾的重大课题已列入国家研究序列，如何针对不同类型的不可移动文物提出符合实际的风险评估，在保护维修工程中指导实行预防性干涉力度，防止文化遗产在自然灾害中发生毁灭性破坏，为文化遗产保护行政管理提供科学决策依据，是当前的重要任务。在意大利，对文化遗产进行风险评估，是中央以及地方政府进行文化遗产保护的前期工作。针对这一工作，早在 20 世纪 70 年代，意大利政府便有了建立文化遗产风险评估系统的构想,直至90年代逐渐发展成熟,1990年,意大利发布84、90法令,正式将其命名为“国家遗产风险图”,其基本原理是采集、优化和降低文物退化风险的各技术单元及其指标数据，以便确定最适宜的管理方法和修复方法，减少和避免其意外风险的发生。意大利国家文化遗产风险评估系统是一种区域信息系统，用于管理文化遗产保护过程中有关遗产降解退化因素的相关技术数据，能识别和量化文化遗产所遭受的风险，确定文化遗产保护优先级别，为相关科学研究和管理规划提供信息支持，是意大利文化遗产保护政策的重要工具。[①]

利益相关者（Stakeholder）的概念，最初来源于企业管理。1927年美国通用电气公司的一位经理在其就职演说中，首次提出公司应该为利益相关者服务的思想。1963年，斯坦福研究院首次提出利益相关者概念。在文化遗产领域，2002年，盖蒂研究所出版的《考古遗址的管理规划》一书中，明确提出文化遗产的利益相关者，以及他们在文化遗产管理规划中的作用，将利益相关者理论广泛的运用于文化遗产管理领域。文化遗产的利益相关者是指能影响文化遗产保护目标实现，或被实现过程中所影响的个人和群体。在文化遗产保护领域，社区居民或遗产地居民一直是被忽略的利益团体。作为文化遗产的利益相关者，他们不但影响各类文化遗产项目的决策，而且也受到实施项目的影响。例如我国的考古遗址多处于城市或近郊区，考古遗址区内分布有大量的居民、建筑物和基础设施，有些聚落甚至直接叠压于考古遗址本体之上。在保护考古遗址时，这些居民和聚落该如何处置，是实施保护面临的棘手问题。居民作为考古遗址的利益相关者，应享有知情权，了解考古遗址区内将采取怎样保护措施，以及可能带来的影响。在此基础上，居民应具有管理参与权，参与各种保护策略的制定和实施，在保障切身利益的前提下，参加到考古遗址保护的活动之中。

随着文化景观遗产保护对象的扩大化和复杂化，所涉及的单位和个人也逐渐增多。地方政府、社区公众、企事业单位、专家学者

① 詹长法：《从风险图看意大利文化遗产风险评估系统》，载《中国文物报》，2009-5-8（5）。

等利益相关者与文化景观遗产保护的关系研究，已成为急需关注的问题。2006 年 5~6 月，第二届文化遗产保护与可持续发展国际会议在我国绍兴召开，会议通过的《绍兴宣言》指出，“目前仅仅是在有关发展的所有主要决策制定之后，才通过信息分享的方式使社区和文化遗产保护的利益相关者参与进来。这种做法既没有效果，也会造成冲突。应当让所有层次的利益相关者都在一开始就参与到发展规划的制定中来”。“应使当地社区最大限度地参与到文化遗产的规划、管理和人员雇佣中，并能够平等地享受经济利益的分配”。2007 年，在新西兰召开的第 31 届世界遗产委员会会议，将世界遗产的全球“4C”战略（保护、信誉、能力建设、交流）增补为“5C”，增加了社区公众的协调和参与。当前，国际社会特别强调要建立完善的评估体制，量化原住民聚居地对世界自然遗产地的影响程度。同时，联合国通过的《原住民土地宪章》（1992）和《关于原住民权利宣言的草案》（1993）指出“不能为了搬迁移民或进行其他形式的经济活动而把原住民从他们的土地上搬走”“要防止任何目的在于剥夺他们的土地、领土或资源的行动或影响，要防止以侵犯或损害他们权利为目的或后果的任何形式的人口迁移”，均体现出对利益相关者的尊重。

我国的文化景观遗产的保护范围，普遍是人类栖居地，甚至是人口稠密区。而且在相当多的情况下，居民实际上就是原住民，他们本身就是文化景观遗产真实性和完整性的重要组成部分，既是保护对象，也是保护的依靠力量。要通过一系列惠民、便民、安民的措施，吸引和留住原住民，使当地居民成为传统文化的传承者和创造者。因此，在众多文化景观遗产的保护过程中，既不能采用大量外迁移民方式，也不能采取让当地社区牺牲发展的方式，要寻找融保护与发展于一体的发展路径。在妥善保护文化景观遗产的同时，又能依靠文化景观遗产的巨大能量和感召力，推动保护区域的经济社会发展，并使人们看到，文化景观遗产保护带动经济社会发展和民众生活质量提升的实际成效。为了使文化景观遗产保护由政府单向承担，转变为全民支持参与的互动,为了凝聚民众的文化归属感和向心力，文化景观遗产保护不能只采取自上而下的单向保护，各级政府和文物行政部门不能只把保护作为一项文化事业而包办一切，这样只能造成沉重的负担，而且显得势单力薄。只有将文化景观遗产保护定位为全民的共同事业，对于保护的倡导和管理才能引起民众的广泛响应，才能使文化景观遗产保护达成全民的共识，才能由少数业内人士的奋争，到唤起全民的关注。

文化景观遗产保护的主要目的，是兼顾人类社会可持续发展与人居环境改善，实现长远利益与短期利益、整体利益与局部利益的结合，以保护文化多样性为内涵，以提升品质生活和综合文明素质为内容，最终推动人类社会的交流、尊重、对话、了解、理解、合作，达到共同繁荣，这就是文化景观遗产概念提出的真正意义。在文化景观遗产的保护中，必须要首先考虑生活其中的主体，即当地民众，因为民众是文化景观遗产的真正主人，是地域文化发展的根本动力。国际上通过的有关保护和尊重土著民族或原住民权利的公约，与我国政府保护原住民平等权利的努力相一致。因此，文化景观遗产保护政策的制定，必须慎重权衡社会文化与经济发展的关系，以居民自愿自觉为基础，设置合理的动态机制，重视与原住民的充分协商，考虑和尊重原住民的知情权、参与权、决策权和监督权，体现社会的公平性。若要有效保护文化景观遗产的延续性，并使之发展成为更具生命力和生态保护价值的文化景观，关键在于当地民众对于文化景观遗产所包含的传统文化和精神信仰，是否充分认同并愿意持续保持。所以，在对文化景观遗产的保护上，要始终关注社会发展与当地民众的关系，将其作为文化景观遗产保护中的重要方面进行整体考虑。

对于城市类文化景观遗产，应该成为保护与延续城市文脉的有用工具。通过探索不同类型城市类文化景观的保护措施，鼓励历史性城市制定文化、景观与环境可持续发展的管理体系，使之成为控制与延续历史环境的有效方法。因此，必须以城市重大文化资源的角色，使文化景观遗产进入城市总体规划层面，协调城市发展目标与文化景观遗产保护的关系，甚至直接介入土地利用、交通组织、生态保护等相关发展要素的专项规划之中。针对不同性质和特点的文化景观遗产，提出明确的核心保护区与核心保护区周围一定范围的缓冲区，以及对于与核心保护区有联系的更广阔的区域实行某些方面的控制。《维也纳备忘录》警告“应该特别小心，确保在世界遗产城市开发当代建筑能够补充历史城市景观的各种价值，同时遵守限制要求，不损害城市的历史景观”，并认为“对历史城市景观的优质管理旨在永久维护和提高空间、功能和设计方面的价值。在这方面，必须特别重视使当代建筑融入城市的历史景观中”。在城市类文化景观中进行结构性干预和建造当代建筑需要慎重考虑，必须与有关利益相关者进行磋商，这样一个过程可以逐案采取充分、适当的行动，审查新旧建筑之间的空间联系，同时尊重传统格局、背景环境的真实性与完整性。

对于乡村类文化景观遗产，在具有一定自然容量的乡村类文化景观区域内，保留部分传统生产的存在，保留一定数量传统民居的正常生活，不仅不会影响文化景观的文化品格，反而能给文化景观区域增加生机和活力，增添它的美学意境和情趣，并与缺乏日常生活气息的文化遗产地形成不同的文化氛围。今天，乡村类文化景观遗产的保护，具有保护民族文化和消除地区贫困的双重任务。首先要从全局和整体发展出发，做好文化景观遗产保护规划。在规划中不仅仅考虑一些单体建筑或单方面要素，还应包括文化、经济、社会、人口、环境、教育、科技、道德、宗教、民族心理、传统习俗等方面的综合内容。通过开展普查摸清文化资源状况，对文化底蕴深厚、文化景观独特、生态环境优美的历史文化村镇重点开展保护研究，通过规划实施解决传统风貌维护，街巷肌理保持和人口规模控制等问题，还要保护好山体、溪流、林木等自然景观，古道、古井、古民居等人文景观以及传统生产生活器具等多方面内容。根据不同乡村类文化景观特色制定相应的保护管理办法，确定保护项目和整治目标，提出具体保护措施。有条件的地区还可以通过建立生态博物馆群，实现增强社区职能，保持传统文化，发展区域经济等目标。

对于山水类文化景观遗产，由于通常空间尺度较大，在自然条件中融入了较为复杂的人地关系要素，形成极其丰富的类型，因此在保护实践中，必须注重原有山水格局的生态性、完整性和协调性，采取具有针对性的保护方式，建立起自然、文化、经济、社会的复合生态系统，形成由宏观到微观，由总体到局部，可持续发展的，人类与自然共生的文化景观模式。历史的经验表明，在山水类文化景观区域内，任何新建建筑物、构筑物的位置、规模、体量、形式等，都将成为影响景观的重要因素。只有在尊重自然环境的前提下进行建筑项目合理的选址和布局，重视控制建筑物、构筑物的体量，才能保持文化景观遗产环境的和谐。必须制止山水类文化景观遗产保护区域内经营性项目的建设，旅游服务设施亦应该受到严格限制，特别是大体量的旅游设施应该在文化景观遗产保护区域外安排。山水类文化景观遗产的保护，应着眼于对客观规律的尊重，构筑起理想的生态框架，实现对自然的修复和提高。同时，将文化景观遗产的保护和相关环境整治当作文化行为来看待，善于将工程与艺术结合起来，既解决实际问题，又着力营造文化艺术的理想境界。

对于宗教类文化景观遗产，作为人类社会活动所形成的独特景观，经过历代的营造，形成众多名胜古迹，体现出独特的文化和精神需求。它们往往具有庞大的体量和规模，文化遗产本体及其与本体共存的人文、自然、生态、景观环境和山形水系,都具有珍贵的价值，需要实施整体保护。应严格控制宗教类文化景观遗产核心区内新的建设，不得影响或削弱文化景观地位，不得破坏自然环境。对于缓冲区内新的建设，不但应严格控制其高度，而且对于其形式体量、立面特点和装修色彩等，亦应进行严格评估，使之与宗教类文化景观遗产的文物建筑及特色景观相协调。与其他事物的发展规律一样，现存的宗教类文化景观总是建立和依附在前一历史阶段的文化景观基础之上，而现存的文化景观也必然成为今后文化景观发展的前提和依托。鉴于各地经常性宗教活动的持续开展，不断存在着原有文化景观遗产保护与新建、扩建之间的冲突，因此，应充分尊重宗教类文化景观遗产延续的客观规律，全面深刻认识现存的文化景观遗产价值，并在充分论证的基础上，最大限度保护原有文化遗存，作为文化景观遗产得以延续的历史基因,使之与后续的发展相互呼应。

对于遗址类文化景观遗产，作为城市中蕴含丰富的优秀文化载体，应是环境优美并融入现代社会生活的文化景观。如果众多考古遗址继续维持甚至恶化目前状况，被看作城市发展的负担和包袱，保护的结果是基础设施落后，人民生活贫穷，社会环境脏乱，保护就得不到民众的理解，得不到社会的支持，得不到地方政府的重视。解决上述问题的最佳办法是通过建设考古遗址公园，将二者在空间上分开，即将“不可移动”的考古遗址在原地妥善保护，将“可移动”的农民、城市居民和企事业单位在考古遗址外妥善安置。同时，每一处考古遗址反映的都是特定历史时期一定地域人类群体的生存信息，因此通过考古遗址公园搭建起一座平台，可以使访问者通过这一平台，跨越时空隧道，走进历史，与祖先进行对话和交流，了解他们的生活，他们的信仰和审美观念等，实现考古遗址的宣传教育功能。因此，应对于发掘揭露的大面积考古遗址实施整体保护，以考古遗址公园或遗址博物馆等形式，将出土时考古遗址的状况全面完整地保护起来,并在确保考古遗址安全的前提下实现科学展示。只有考古遗址的文化价值被充分挖掘出来，只有考古遗址的价值在区域社会经济中的作用得到充分发挥，也只有当地政府和民众意识到考古遗址能够给区域社会发展带来推动作用的时候，考古遗址的安全才会得到保证。

对于民俗类文化景观遗产，关键在于当地社区民众对于传统文化和精神信仰是否充分认同并愿意持续参与。民俗类文化景观遗产难以通过外在强制力量达到保护的目的，而需要通过民众的文化遗产保护意识和能力得以实现。从某种意义上说，只有使当地民众成为文化遗产保护的受益者，进而成为自觉自愿的参加者，才能形成公众积极参与文化遗产保护的局面。要通过对民俗类文化景观遗产及其相关物质及非物质环境的保护，使文化遗产的历史信息得到最大限度的保存与展现。对于保留尚好的文化遗产本体，保护本身就成为展示的手段。将最真实的历史信息展示给民众。而对于已不复存在的历史遗址，则可以通过适度的手段加以再现。因此，需要运用多学科知识，梳理文化基因、延续文化空间、展现文化价值，通过深入挖掘民俗类文化景观的深刻内涵，反映出民族迁徙、文化交流、建筑技能、生产方式、社会环境、历史事件等各方面的历史信息，创造出具有优美环境和浓郁生活气息的文化空间，激发传统社区的社会活力，满足人们日益增长的物质文化需求，使文化空间与文化景观获得可持续发展的动力。通过慎重权衡社会文化与经济发展的关系，以居民自愿自觉为基础，设置合理的保护和引导机制，则民俗类文化景观有望在其演变中积极地保持传统延续，进而体现出更具生命力和生态保护的价值。

对于产业类文化景观遗产，其完整的外观特征和遗迹保存状况，应在受到任何破坏以前载入记录档案，因为如果在生产活动停止或者工业场所关闭之前做好记录,将可以获得并保留更为真实的信息。必须注意到近现代工业遗产所用材料相对于历经风雨的古代文化遗产，往往使用寿命更短，老化的速度更快。没有适当的保护措施，体现产业类文化景观遗产重要价值的一些因素就得不到妥善的保护。因此，在实施保护方面，需要同时应对实践和技术两方面的问题，更重要的是通过持续性和适应性的合理利用来证明它的价值。保护性再利用是赋予产业类文化景观遗产新的生存环境的一种可行途径，在严格保护好外观及主要特征的前提下，审慎适度地对其用途进行适应性改变通常是比较经济可行的保护手段，可以为社会所接受和理解。新的用途必须尊重产业类文化景观遗产的原有格局、结构和材料特色,维护原始的人流活动,并且尽可能与初始或主要用途兼容。当保护性再利用方案中的利用功能与遗产价值明显不相适应时，应重新进行调整。要对产业类文化景观进行统一设计，努力创造和设计出既属于现在和未来、同时也记录和体现过去劳动创造成就的空间形态，同时根据原有产业及产品性质，设立各种门类的工业技术博物馆、厂史展示馆、企业纪念馆或专题博物馆是产业类文化景观遗产保护利用的重要途径。

对于军事类文化景观遗产，作为一种特殊的文化资源，其价值认定、记录和研究首先在于文化遗存的发现，而普查是发现的基础和保证。应注意军事类文化遗产的认定标准与其他文化遗产类别认定标准的差异，既应注重其广泛性，避免因为认识不足而导致文化遗存在不经意中消失，又应注重其代表性，避免由于界定过于宽泛而失去重点，保证把那些最具典型意义、最有价值的军事类文化景观遗产保留下来。对军事类文化景观遗产的各类不可移动现状遗存，应进行准确勘察、测绘，对各类可移动实体档案应进行系统的发掘整理，并根据保护需要制订系统的研究计划。特别是对于古往今来的“兵家必争之地”，应通过对不同区域、不同时代和不同类型的遗存调查，判别其保护范围。军事类文化景观研究需要组织跨学科、跨领域、跨部门的力量，需要从事历史、军事、建筑等多领域专业人员的参与，同时，由于众多军事活动之间所具有的相互依赖性，需要通过不同领域研究成果的资源共享、协调行动实现综合研究。对于大型和线型军事类文化景观遗产的保护，通过设立遗址公园可以成功地将散在的文化遗存保存于新的环境之中，从而达到整体保护的目的，并应创造条件保留一定能够记录和解释原始功能的军事区域，用于展示和解说曾有的军事用途与战争史实。

不久前，我收到了北京大学考古文博学院宿白教授的来信，信中写道“近闻云南古水水电站，将上马修建，并将全部淹没西藏芒康盐井盐田，为此我深感痛心！”宿白教授呼吁“鉴于芒康盐井盐田在我国西南地区历史、文化、文物、景观、自然、民族、宗教等多方面的重要性，以及巨大的潜在遗产和文物价值，特别是它作为一部现存的活的历史在当今世界各地极为罕见。因此，无论如何都应该负责任地把这处中华民族的珍贵遗产保护下来”。带着宿白先生所提出的问题和期望，我们一行六人，于2009年8月26日，开始了西藏芒康盐井盐田保护状况调查之行。西藏芒康地处澜沧江流域，两岸山体呈南北走向，区域内形成以高山深谷为主的峡谷地貌。我们从云南迪庆出发，大约8小时车程，途中沿江两岸绝大部分地段山高、坡陡、谷深，有少量台地及泥石流冲积扇，零星分布于高山峡谷之间，村落及耕地就位于这些台地与泥石流冲积扇形成的平缓坡地上。这一区域史前时期就是人类活动的重要地区，已有考古研究成果证明其悠久的历史沿革。沿途我们考察了多处茶马古道遗存。时至今日，尽管已经有了公路，但是有些茶马古道段落因其特殊的地理位置，仍然在滇、藏两地的民间交往中发挥着重要作用，虽然历经千年，一些古驿道、古渡口、古驿站仍然较完整地保存了下来，成为整条茶马古道中保存较为完好、文化内涵较为丰富、特点较为集中、具有代表性的茶马古道遗存。

傍晚，我们终于到达西藏芒康盐井，顾不得休息，马上投入现场考察和专题座谈，对这一地区盐井盐田的分布状况、结构布局、生产工艺，以及周边环境和各类文化遗存进行调查了解。盐井地区在唐代属于吐蕃盐川城，历史上是茶马古道上最重要的物资交换集散地，同时也是连通川、滇、藏地区各民族的经济文化走廊。芒康盐井盐田海拔2300米左右，位于澜沧江两岸，左岸属于纳西乡，右岸属于曲孜卡乡。盐井盐田沿澜沧江岸边顺山势走向而建，高低错落有致。其中，南侧盐田因主要分布于缓坡地，其最宽处超过110米；而北侧盐田则全数建于陡峭的崖边，最宽处仅有50米左右，最窄处仅有约20米。最上层距江边约120米，高出江面达70～100米。制盐设施根据功能可分为三类：盐井、公共卤水池及晒盐作业区。盐井位于江边，用不规则的石块垒砌而成；公共卤水池位于江岸近盐井处；晒盐作业区总数有上百个，位于坡地或陡崖之上，依山势层层修建，最多处达到10层，由私有卤水池和晒盐田两部分组成。晒盐田数以百计，均为土木结构，顺山势走向竖立联排并列木柱，木柱长短视地表高低不同而各不相同。朝阳下，站在加达吊桥、澜沧江岸、陡崖之上，遥望芒康盐田盐井，壮美的文化景观令人感到无比震撼，对千百年来各族民众在"世界屋脊"青藏高原上的辉煌文化创造充满敬意。

芒康盐井分为上盐井和下盐井两个居民聚落，其中下盐井的居民以纳西族民众为主，而上盐井以藏族民众为主，也有少量的纳西族民众。当地一些藏族民众信奉天主教，而一些纳西族民众则信奉藏传佛教，反映出经过千百年的文化冲突与融合，盐井地区形成了包括不同民族、不同文化、不同宗教在内的丰富多彩的文化面貌。考察期间，我们还对位于曲孜卡乡的加达村民族村寨、位于纳西乡扎谷西沟内吐蕃时期摩崖石刻、位于上盐井村的天主教堂[①]等进行了考察，对于当地丰富的文化与自然景观，当地民族构成、宗教信仰、文化面貌所具有的多样性，以及千百年来盐井地区的历史文化变迁有了一定认识，感到盐井地区不但拥有历史悠久的产业类文化景观，拥有独具特色的山水类文化景观，而且拥有丰富多彩的乡村类文化景观、民俗类文化景观和宗教类文化景观。特别是芒康盐井盐田虽然具有上千年的悠久历史，至今仍为当地藏族、纳西族民众传承沿用，是典型的活态文化遗产。而拟建中的古水水电站水库，将使芒康盐

① 上盐井天主教堂为西藏地区唯一一座天主教堂。

井盐田处于水库淹没区内，伴随水库的修建，这处珍贵的文化景观遗产将被全部淹没。同时，水库淹没区涉及的茶马古道，在2000多年前就已形成，是我国西南与西北各族先民进行民间交往的重要通道，也将被永远淹没于水下。因此，水库建设方案应另行考虑，不能因水库建设使珍贵的文化景观遗产遭到彻底破坏。

井盐是与海盐、池盐、湖盐并列的人类四大产盐方式之一。我国是世界上井盐生产最早的国家。近年来的考古成果证明，我国西部地区早在商周时期就有井盐生产的历史。西藏昌都地区一直是我国早期自然盐泉制盐的地区之一，而至今仍在继续生产的只有芒康盐井盐田。据史料记载，盐井地区的盐业生产不晚于唐代，而当地目前的钻井取卤方式，仍然属于自然盐泉和浅井阶段，保持着北宋以前的钻井和取卤技术，这种原始的制盐工艺是重要的非物质文化遗产。因此，可以说芒康盐井盐田是目前世界上仅存的最原始的盐业生产的活化石，具有极高的历史文化价值。在国际上，奥地利“海尔施达特盐矿遗址”，拥有从2000多年前的古罗马时期延续至今的文化遗迹，以及周边秀美的自然风光，被作为文化与自然混合遗产列入《世界遗产名录》。在我国，四川自贡的“燊海井”作为世界上最深的采盐井，于1988年被公布为全国重点文物保护单位。与这两处与古代盐业有关的文化遗产相比。我们认为，西藏芒康盐井盐田，不但是目前世界上仅存的最原始的盐业生产遗存之一，而且是连通川、滇、藏地区茶马古道上特殊地理位置的重要节点，还是世界上海拔最高、自然环境相对恶劣条件下盐业生产的杰出范例，因此，具有突出的普遍价值，应作为产业类文化景观申报世界文化遗产。

文化景观遗产保护是一个持续的过程，人类社会所关注的生物多样性、文化多样性等诸多焦点，都可以从文化景观遗产保护的实践中得到启示。文化景观遗产保护带给我们的启示，首先是观念的变化，包括生态的观念、宏观的观念、综合的观念、传承文脉的观念、民众参与的观念等。今天，在城市化加速进程中，我国面临着人地关系的严重危机，能源问题、生态问题、社会问题逐渐显现，因此，积极倡导文化景观遗产保护，具有更为紧迫的现实意义。我们生活在一个非同寻常的快速变革的时代，其中文化变革影响到每个人、每个国家和整个社会的方方面面。全球化给文化景观遗产保护带来了新的挑战，也正是这些挑战给我们提供了前所未有的机遇，使我们有机会分享全球经验，增强能力建设。“我们就是我们所讲述的故事的一部分，这意味着我们必须面对这一挑战；尊重人们讲述自己文化历程的故事的权力，尊重人们为形成他们自己社区和民族的东西赋予意义的权力”。[①]

当前，虽然保护文化景观遗产的理念，逐渐为社会各界和广大民众所接受和理解，但是由于文化景观遗产保护发展时间短，理论研究方面还相对薄弱。迄今为止，在我国还没有适用于指导文化景观遗产保护的专项法规、标准规范和实施准则。同时，文化景观遗产保护作为一项可持续的历史性事业，不应该仅局限在保存和维护现有的文化景观遗产上，而要以更加开放的思维、长远的眼光，将具备潜力的文化创造成果培育成为未来的文化景观遗产。新的时代要有新的创造，只有不断创新，才能有文化景观遗产保护的持续发展。早在20世纪80年代，张光直先生就说他“相信中国研究能在社会科学上作出重大的一般性贡献”[②]。文化景观遗产保护理论，最早来自西方文化遗产保护的历史经验，现时的相关理论与标准也

① 阿历桑德拉·康明斯：《21世纪博物馆的核心价值与新责任》，载《中国文物报》，2008-12-12（6）。

② 尹宏兵：《中国文明起源的理论分析》，载《华夏考古》，第135页，2007（2）。

是按照以欧洲为中心的文化遗产特点加以提出和制定。因此，我国开展文化景观遗产研究、实施保护管理时，不能一味照搬现有的理论与标准，应当根据我国文化景观遗产的特点进行创造性实践，丰富和完善国际文化景观遗产保护理论，这也是我国文化遗产界的责任。今天，在我国“文物保护”走向“文化遗产保护”的时代背景下，只有通过不断研究与开拓，探索适合我国国情的保护理论体系，才能走出中国特色的文化景观遗产保护实践道路。

关于加强公众考古教育的建议①

（2010 年 3 月）

随着文化遗产保护实践的不断深入，决定着文化遗产保护势必与广大民众建立起越来越密切的关系，文化遗产的保护成果，往往直接或间接地影响着公众的物质生活环境和文化生活质量。在这一背景下，文化遗产保护离不开公众参与，并要使公众共享保护成果。在当今的信息社会，公众越来越难以接受将其拒之门外的封闭式的公共决策，当决策涉及其自身利益和文化权益时尤其如此。事实上，今天广大民众参与文化遗产保护的热情日益高涨，公众参与对文化遗产保护的重要作用也日益显现。

然而，我国的文化遗产保护公众参与尚属于初步阶段，一方面，政策上缺乏有效的引导措施，另一方面，广大民众深入参与文化遗产保护需要普及相关知识。因此，既要积极创造条件，又要积极正确引导。为此，文物行政部门应深入研究制定发挥广大民众主体地位和作用的政策措施，始终将公众参与、公众共享作为文化遗产保护的出发点和落脚点，拓展公众参与文化遗产保护的渠道，充分发挥广大民众和社会组织的积极作用，避免公众参与流于形式。只有

① 此文为在全国政协十一届三次会议上的提案，联名提案人：席强　郭瓦加毛吉　杨力舟　田青　陈祖芬　孟广禄　耿其昌　阿拉泰　王川平　仲呈祥　刘庆柱　尼玛泽仁　张廷皓　林建岳　杨一奔　吕章申　王书平　冯英　詹祥生　樊锦诗　安家瑶　夏燕月　郁钧剑　姜昆　侯露　张柏　刘敏　丹增　高延青　陈力　余辉　赵维绥　宋春丽　张和平　龙瑞　杜滋龄　苏士澍　韩书力　王霞　吴祖强。

这样，才能使文化遗产保护工作真正成为全民行动；也只有这样，文化遗产事业才能不断取得新的进步。

考古学是通过对古代人类活动遗迹进行专门研究以解决相关学术课题、揭示人类自身及其文化发展规律的一门历史科学。长期以来，由于各种原因，考古学一直囿于学术研究、专家学者的范畴，对于广大民众而言尚属于一个神秘领地。随着广大民众生活水平的逐渐提高，对精神文化层面有了更高的需求，对于各类考古新发现给予了更高的关注。他们期盼从考古发现中直观地感受历史，寻觅依稀的历史印迹。学习有关历史文化知识，了解有关考古和出土文物保护知识，参与有关问题的探讨，成为当前广大民众的一种自然的文化诉求。

保障广大民众的文化权益，加强面向公众的考古教育，使考古工作接近社会、走向大众，既有利于广大民众树立唯物史观，分享考古研究成果，提高综合文化素质，又有利于激发公众的爱国主义情怀和文化遗产保护热情。广大民众需要了解自己的过去、关注自己的现在、展望自己的未来。只有通过公众教育，使广大民众认识到保护文化资源是自己的责任和义务，并成为自觉行动，保护考古遗址和出土文物的任务才能完成，才能为文化遗产保护创造更好的社会氛围。因此，面向公众的考古教育，不仅既是公众自身的需要，也是保护文化资源的需要。

为此建议：

（1）文物行政部门要建立相关制度，尊重广大公众对考古和出土文物保护的知情权、参与权、监督权和受益权，自觉接受广大民众的监督。在有比较重要的考古发现，并对其性质有了初步结论时，应及时、主动地以丰富的信息向社会进行新闻发布，同时，使公众对考古学家和文物专家的工作意义有更加深入的认知和理解，提高公众参与的针对性和有效性。

（2）有关文物考古研究单位要创造条件使考古工作成果社会化和公众化，将加强公众考古工作列入工作日程。相关考古发掘工作在条件允许的情况下适当向公众开放、展示，举办讲座并与公众互动，使公众了解相关考古工作的意义，增强对本乡本土文化的认同感和自豪感，也使考古工作在服务公众的过程中进一步实现自身的社会价值。

（3）要采取多种方式和手段，普及考古和出土文物保护知识，有关出版单位要将出版考古科普图书列入出版计划，发扬20世纪60年代大力编辑出版科普书籍的好传统，邀请专家学者，采用“大家写小书”等形式，出版一系列为广大民众喜闻乐见、图文并茂、深入浅出的考古科普读物。

（4）高等教育管理部门应有计划地在各高等院校开设文物保护与考古公共课程和选修课程，以多种形式向在校学生宣传和普及考古知识和文物保护正确理念；鼓励和引导一些具备条件的高等院校增设考古学专业，为文物保护与考古事业可持续发展培养更多人才。同时，引导高等院校考古专业将公众考古列入教学计划，以提高考古专业学生的公众服务意识和能力。

在“第二届全国青少年文化遗产知识大赛（大学组）”颁奖仪式上的讲话

（2010年6月12日）

首先，我代表国家文物局，向获得本届全国青少年文化遗产知识大赛优异成绩的同学们表示热烈的祝贺！

文化遗产事业的未来属于青少年。今天青年学生对文化遗产的了解和认知程度，对未来文化遗产的保护将起到重要作用，把保护文化遗产的理想告诉青少年，让更多的青少年和我们一起来实现文化遗产的保护和传承，是文化遗产事业健康、持续发展的基础性工作。

文化遗产保护涉及历史、地理、文学、艺术等众多知识，对青少年一代具有巨大的吸引力和感召力。向青年学生介绍文化遗产，使热情似火而又富有想象力的青年学子，不仅能够感受到中国传统文化的魅力、激发民族自尊心和自豪感、提高科学文化素质，而且可以提升文化素养，陶冶思想情操，丰富精神生活。

今天参赛同学们的精彩表现，既展现出了当代青少年良好的精神风貌，又展现出了我国文化遗产事业的蓬勃生机。我们希望通过这样的活动，使越来越多的青少年关注文化遗产、走近文化遗产、热爱文化遗产。

第二届全国青少年文化遗产知识大赛

在全国文博干部教育培训工作座谈会上的报告

（2010年10月27日）

这次全国文物博物馆干部教育培训工作座谈会，是国家文物局召开的一次重要会议。会议的主要任务是：总结近年来文物博物馆干部教育培训工作成绩和经验，进一步明确今后五年文物博物馆干部教育培训工作的主要任务，使教育培训工作更好地为文化遗产事业发展提供人才保证和智力支持。

全国文博教育培训工作座谈会

一、近年来文物博物馆干部教育培训工作的回顾

国家文物局认真贯彻人才强国战略的重大决策，着眼于新世纪新形势文化遗产事业发展和队伍建设的需要，采取有效措施开展大规模文物博物馆干部教育培训工作。

在2002年12月召开的全国文物工作会议上，国家文物局把加强文物博物馆干部教育培训列为四项基础工作之一，提出大力开展教育培训，逐步实施资格认定、持证上岗制度，实现造就一支思想好、作风硬、业务精、管理强的文物博物馆干部队伍的目标。2003年1月在上海召开的文物博物馆干部教育培训工作座谈会和2004年10月在江西南昌召开的全国文物宣传教育工作会议，进一步部署了教育培训工作任务。面对事业发展的需求，面对师资队伍、培训设施的紧缺，面对人力财力的困难，国家文物局与各地文物部门、高等院校、科研部门等单位通力协作，迎难而上，开展了大规模文物博物馆干部教育培训工作。

（1）文物博物馆管理干部培训深入开展

2003年至2008年，国家文物局与北京大学、清华大学、复旦大学、南开大学、四川大学、西北大学和中国文化遗产研究院密切合作，连续六年举办了全国省级文物局局长、博物馆馆长、考古研究所所长、古建所所长专业管理干部培训班，共培训省级文物博物馆管理干部443名。在培训内容安排上，我们紧紧围绕国家对文化遗产保护工作的新要求，新修订的《文物保护法》对各级政府和文物部门赋予的新职责，大规模城乡基本建设给文化遗产保护带来的新课题，组织学员学习法规政策、业务知识和管理科学，引导他们把握新理念、新思路、新技术，开拓视野，增强依法保护文化遗产的能力；同时搭建了各省、自治区、直辖市文物博物馆干部之间交流经验、共同

进步的平台。

在这个基础上，我们与各省、自治区、直辖市文物局合作，开展了地市文物博物馆干部和全国重点文物保护单位负责人培训，已经有 27 个省、自治区、直辖市共 3300 多人参加了培训，不少省区还将这项培训延伸到县级文化文物部门负责人，有效提高了基层文物博物馆管理干部队伍的素质。同时，针对我国世界文化遗产保护管理工作中存在的问题，从 2004 年起，连续六年举办了八期世界文化遗产保护管理机构负责人培训班，组织他们集中学习世界文化遗产保护的国际公约、法规政策以及规划、保护、展示、监测等方面的基本原则和管理知识，共同研讨有关管理体制、保护措施等问题，提高依法管理、科学管理世界文化遗产的水平。

2008 年四川汶川大地震，灾区文物博物馆系统职工奋不顾身保护抢救文化遗产的壮举，震撼着全国文物博物馆系统职工的心。国家文物局与北京大学中国文物博物馆学院合作，两次举办地震灾区文物博物馆干部培训班，为抗震救灾斗争中文物保护工作提供智力和技术支持。

近年来，国家文物局积极配合中央组织部在中央党校举办地市领导干部文化遗产保护专题研讨班，与解放军总后勤部联合举办军队营区文物保护与管理培训班，帮助党政领导干部及部队领导干部增强依法保护文化遗产的意识。国家文物局领导还亲自到中央党校、国家行政学院、国防大学以及部分省区市党委中心组，分别就“城市化进程中的文化遗产保护”“增强法制观念　提高文物执法水平”“世界遗产发展趋势与挑战应对”等题目进行讲课，与各级党政领导干部共同研讨如何正确处理经济建设与文化遗产保护的关系、依法履行政府保护文化遗产的职能、创造文明和谐的文化生态环境、促进经济社会全面协调可持续发展等重大问题。

国防大学授课

（2）专业技术人员培训获得实效

2002年以来，国家文物局为解决文化遗产事业发展亟需的专业技术人员，举办了文物保护维修与考古发掘、博物馆藏品管理展示与保护修复、文物进出境鉴定审核等各方面专业技术培训。这类培训注重理论与实践结合，深入文物保护维修现场参与设计施工，通过在实验室测试实习，亲手进行文物保护修复，提高了学员的专业技术和技能，很多学员已经在各自的岗位上迅速成长为专业技术骨干和科技带头人。同时，围绕长城资源调查、第三次全国文物普查、博物馆免费开放、数字信息化技术应用等重点工作、重大工程开展专项培训，实现项目实施和人才培养的双丰收。

（3）文物行政执法人员培训取得成果

加强文物行政执法工作是当前一项非常重要的工作。国家文物局不断加大文物行政执法人员培训的力度，特别是今年以来开展文物行政执法人员片区集中轮训，集中力量培训文物行政执法人员800多人，引导他们学习法律法规，进行各种案例分析，帮助他们增强文物保护法律意识，规范执法程序，提高应对文物保护突发事件的应对能力，有效促进了文物行政执法队伍建设和文物行政执法能力和水平的提高。

（4）少数民族地区文物博物馆干部培训得到加强

近年来，国家文物局在培训力度上积极向少数民族地区倾斜，举办各类培训班都积极吸收少数民族文物博物馆干部和专业技术人员参加。西藏文物保护工程培训班将藏式建筑简史、传统工艺和材料的运用列入培训课程。四川汶川大地震发生后，国家文物局立即在震区举办藏、羌碉楼保护维修培训班，在利用当地的材料、工艺和人力及时对藏羌碉楼进行保护抢救的同时，也保护传承了碉楼建造维修的传统工艺。新疆坎儿井文物保护培训班第一次将乡镇干部、村民列入培训对象，向他们传授文物保护政策法规，研讨坎儿井保护工艺，开辟了依靠人民群众的力量保护文化遗产的新路子，也使坎儿井开掘保护的民间工艺得到有效传承。

（5）基层文物部门开展教育培训的积极性普遍提高

各省、自治区、直辖市紧紧抓住人才队伍建设这个基础工程，克服人员和经费上的困难，积极创造条件开展文物博物馆干部教育培训工作。例如新疆维吾尔自治区文物局与北京大学、南京大学和兰州大学等高等院校合作举办研究生专修班，培养120名文物博物馆干部。贵州省与同济大学合作举办为期两年的文化遗产保护研究生进修班，培养27名文物博物馆干部。陕西省、河南省与省委组织部配合，举办地市县领导干部文化遗产保护专题培训班，增强领导干部的文化遗产保护意识。各地区还结合文化遗产保护重点工作、重点项目,举办多种形式的专题培训班,为开展工作打下坚实的基础。

（6）涉外培训取得突破

近年来，我局与ICOROM合作举办亚太地区博物馆藏品预防性保护培训，中意合作文物保护修复培训项目培养了140名专业技术人员，中日韩合作丝绸之路沿线文物保护修复技术人员培养计划培养了100多名专业技术人员，与美国梅隆基金会、盖蒂保护研究所及法国国家遗产学院等机构合作培养了一批高层次的博物馆管理人员和专业技术人员。

中国文化遗产研究院还三次承担国家援外培训项目“亚非文化遗产保护官员培训班”和“阿拉伯地区文物修复技术人员培训班”，传授我国文物保护理念、方法和技术，促进了我国在国际文化遗产保护领域的交流与合作。

应该看到，近年来开展的文物博物馆干部教育培训规模之大、投入之多、覆盖面之广、培训内容之丰富、培训效果之显著，在我国文化遗产事业发展史上是前所未有的。国家文物局和各地文物部门克服机构和编制不足，安排专门人员和专项经费开展培训；各高等院校和科研机构挖掘潜力，积极承办文物博物馆干部教育培训；各基层文物博物馆单位在人员紧缺的情况下，派出人员参加培训，都给予这项工作有力支持。大规模的文物博物馆干部教育培训，有效地提高了文物博物馆干部队伍的整体素质，初步形成了由各级文物行政部门、高等院校和科研部门组成的文物博物馆干部教育培训体系,建立起一支专兼职教师队伍,推出了一批科研成果和学术论文,为文化遗产事业的科学发展奠定基础。回顾近年来教育培训工作，我们深深体会到以下几点。

（1）坚持围绕中心、服务大局，保证文物博物馆干部教育培训的正确方向。文物博物馆干部教育培训工作要贯彻文物工作方针，紧密围绕文化遗产保护这个中心，服务于推进文化遗产事业科学发展的大局，结合实际制订培训计划，安排培训项目，提高培训工作的针对性和实效性，保证教育培训工作沿着正确的方向发展。

（2）坚持按需施教、学以致用，增强文物博物馆干部教育培训的针对性和实效性。文物博物馆干部教育培训要按照事业发展的需要，按照干部成长的规律，分级分类开展培训，突出文化遗产保护工作的政策性、专业性、技术性，努力把学习成果转化为推动事业发展的能力、谋划事业发展的正确思路、落实事业发展的举措。

（3）坚持优势互补、各展所长，探索联合办培训的新模式。在文物博物馆干部教育培训中，我们更多地把依托高校文物博物馆院系和科研机构联合举办培训班作为主渠道，发挥这些单位在教学资源、科研资源、信息资源等方面的优势。各高校文物博物馆院系和科研机构充分挖掘潜力，大力支持文物博物馆干部教育培训工作，不仅提高了文物博物馆干部教育培训的质量，也促进了自身学科建设，走出一条相互促进、相得益彰、共同发展的新路子。

（4）坚持扩大开放、开阔视野，拓宽涉外培训的有效途径。近年来，我们采取“走出去”“请进来”相结合的方式，请国外高等院校和科研机构的专家学者来华讲课；同时组织一批干部走出国门学习进修，学习国际上文化遗产保护的理念、技术和管理经验，促进优秀人才成长。也利用各种涉外培训的时机，将我国文化遗产保护理念、准则、技术和成果介绍给世界，提高我国在国际文化遗产保护领域的地位和作用。

在总结成绩的同时，我们也应该清醒地看到，文物博物馆干部教育培训还存在覆盖面不全，承办培训的机构、人力和财力不足，培训课程和教材尚未形成系统等问题。这些都需要我们认真总结经验教训，在实践中不断探索文物博物馆干部教育培训工作的规律和措施，积极改进工作，使教育培训工作与文化遗产事业的发展相适应。

二、深刻认识开展文物博物馆干部教育培训的重要性和紧迫性

当前，我国文化遗产保护工作是在世界多极化、经济全球化深入发展、科技进步日新月异、人才竞争日趋激烈的形势下进行的，是在我国全面建设小康社会的背景下进行的，是在工业化、城镇化深入发展的进程中进行的，是在深化文化体制改革、推动文化发展繁荣的过程中进行的，机遇和挑战并存。我们必须深刻认识到以下几点。

—加强文化遗产保护，与增强国家实力、提高国民素质密不可分。一个国家的强盛，不仅要有经济的发达，也要有文化的发展进步。中国要真正跨入现代化国家的行列，中华民族要跻身于世界先进民族之林，必须在文化建设上取得发展繁荣。我们拥有丰富的文化遗产资源，要通过有效保护和合理利用，提高文化遗产影响力和感召力，才能增强我国的文化软实力。同时，要将文化遗产所蕴含的深刻内涵，融于社会主义核心价值体系之中，传承中华文化，倡导文明新风，成为全体人民树立共同理想、弘扬民族精神和时代精神的文化力量。

—加强文化遗产保护，与推动科学发展、促进社会和谐密不可分。科学发展观的基本要求是经济社会全面协调可持续发展。全面建设小康社会，不仅要使广大民众过上富裕的生活，还要满足广大民众不断增长的精神文化需求。因此我们在大规模经济建设中必须

竭尽全力保护文化遗产，挖掘和展示城乡文化内涵，创造亲和温馨的文化生态环境。这既是经济社会全面协调可持续发展的需要，也是建设和谐社会的要求。

—加强文化遗产保护，与维护民族团结、实现祖国统一密不可分。我国是一个统一的多民族的国家。在几千年的历史长河中，中华民族形成了追求国家统一、维护民族团结的价值观。在近代，在这种价值观的感召下，各族民众携手抵御外侮，共同维护了中华民族的利益和尊严。大量历史文化遗存，是全国各民族携手发展、共同进步的历史见证，也是海峡两岸民众同祖同根、血肉相连的情感纽带。保护好这些文化遗产，对促进民族认同感、国家认同感，维护中华民族的团结、实现祖国的统一，具有不可替代的作用。

—加强文化遗产保护，与维护国家主权、捍卫领土完整密不可分。我们祖先遗留下来的大量珍贵文化遗产，是中华民族世世代代辛勤耕耘、苦苦求索的结晶，是他们在流淌着中华血脉的土地上生活繁衍的忠实记录，也是历朝历代中央政权实行有效管辖、昭示国家主权的铮铮铁证。加强对文化遗产的保护、研究和利用，以无可辩驳的史料和文物揭示我国历史上的版图、疆域等事实，为维护国家主权、保证领土完整作出不懈的努力，这不仅是一份文化责任，更是一份重大的政治责任。

推进文化遗产事业科学发展，实现由文化遗产大国向文化遗产保护强国的转变，关键是人才。加强教育培训工作，是培养人才、提高队伍素质的重要途径。我们要进一步加强和改进文物博物馆干部教育培训，把这项基础工作推向一个新阶段。

（1）加强和改进文物博物馆干部教育培训工作，是贯彻落实关于开展大规模干部培训要求的战略任务。面对世情、国情的深刻变化，面对改革开放和现代化建设的新形势新任务，我们要深刻认识干部教育培训工作的先导性、基础性、战略性，围绕提高科学执政、民主执政、依法执政的本领，着眼推进文化遗产事业科学发展、建设文化遗产保护强国的大局，进一步增强做好新形势下文物博物馆干部教育培训工作的责任感和紧迫感，开创工作的新局面。

（2）加强和改进文物博物馆干部教育培训工作，是推进文化遗产事业科学发展的重要举措。当前，文化遗产事业正处在改革发展的关键阶段。在工业化、城镇化深入发展的背景下，大规模城乡建设、基础设施建设与文化遗产保护的矛盾凸现，文化遗产保护面临着前所未有的严峻挑战。我们要深入贯彻落实科学发展观，竭尽全力推进文化遗产事业向前发展。必须清醒地看到，当前文化遗产事业还存在与经济社会发展不适应、与民众精神文化需求不适应、与我们应有的国际地位不适应等问题，从根本上说，是人才和队伍素质不适应的问题。通过教育培训工作，组织各级文物博物馆干部认真研究解决新时期新形势下文化遗产保护面临的新情况新问题，用科学的理论指导实践，使我们制定的政策、采取的举措更加符合文化遗产保护工作的客观规律，更加符合广大民众的需求，更加符合科学发展观的要求。

（3）加强和改进文物博物馆干部教育培训工作，是加强干部队伍建设，提高整体素质和能力的迫切需要。培养高素质的干部队伍，一是要深化人事制度改革，创造优秀人才脱颖而出的良好局面；二是要推进教育培训改革，全面提高干部队伍的素质和能力。近年来，我们在大力推行竞争上岗、公开招聘，通过多种途径选拔优秀人才的同时，始终将文物博物馆干部教育培训作为推进文化遗产事业科学发展的一项重要的基础性工作，把素质和能力建设放在十分重要的位置。我们应该看到，目前文物博物馆干部队伍中，具有大学本科以上学历的占27%，具有高级专业技术职称的占7.1%，从业人员流动性大、就业门槛低，使得现有人员的学历结构、知识结构与快速发展的文化遗产事业不相适应。长期制约文化遗产事业发展的保护资金问题，在各级财政的大力支持下逐步缓解，而人才问题、队伍的素质与能力问题成为凸现的瓶颈问题。解决这个问题需要全社会支持，广纳人才，更多的是需要挖掘自身潜力，深化文物博物馆干部教育培训工作，促进文物博物馆干部思想理论水平、战略决策能力、依法行政能力、专门业务知识、实际操作技能、解决问题的本领等方面都有较大的提高，不断增强履行岗位职责的能力和水平，培养造就一大批适应时代进步、事业发展的专门人才。

三、进一步明确文物博物馆干部教育培训的指导思想和主要任务

今后一个时期文物博物馆干部教育培训工作的指导思想是，紧紧围绕文化遗产事业科学发展的需求，落实大规模培训干部、大幅度提高干部队伍素质的战略任务，以提高培训质量为主线，创新体制机制为重点，努力形成多层次、多渠道、大规模的文物博物馆干部教育培训工作新格局，为文化遗产事业的科学发展提供智力支持和人才保证。

文物博物馆干部教育培训应遵循围绕中心、服务大局，以人为本、按需施教，全员培训、保证质量，联系实际、学以致用，统筹兼顾，创新机制的原则，突出时代性，强调针对性，注重实践性，增强创新性。

突出时代性，就是要紧跟时代发展的潮流，积极适应新形势新任务，坚持用中国特色理论体系武装干部，着力提高领导和推动科

学发展的本领；坚持用文物工作方针、文物保护法律法规培训干部，着力提高依法行政、依法保护文化遗产的本领；坚持用改革开放以来文化遗产保护的新理念、新思路、新经验培训干部，着力提高推动事业发展的开拓创新本领；坚持用文化遗产保护业务知识和科技知识培训干部，着力提高履行岗位职责的本领；坚持用优良传统和作风教育干部，树立文物工作者良好的职业道德和为民、务实、清廉的作风。

强调针对性，就是要紧密结合“什么是文化遗产”“如何保护文化遗产”“保护文化遗产为了谁、依靠谁”等一系列问题，不断完善培训内容，改进培训方式；就是要按照文物博物馆管理干部、文物博物馆专业技术人员、文物行政执法人员等不同岗位特点、职责要求和个人需求，分门别类编制培训计划、科学设置培训课程，有针对性地进行培训；就是要按照干部的成长规律和履行岗位职责的需求，引导干部职工树立终身学习、终身接受培训的理念，实施全覆盖、多渠道、高质量的培训。

注重实践性，就是要运用科学理论指导实践。引导学员不仅要向书本学习，更要在实践中学习，把提高能力作为培训成果的重要标准。对于管理干部，要倡导他们深入基层调查研究，在实践中深化学习成果，提高领导事业科学发展的能力；对于专业技术人员，要组织他们深入文物保护维修工地、文物保护修复现场，在实践中学习技术和技能，提高实际动手操作的能力；对于文物行政执法人员，要组织他们对重大的、典型的违法违规案例进行分析，探讨新形势下破坏损毁文物违法违纪现象的新特点，把握文物执法依据、执法程序、执法监督等关键问题，在实践中提高依法行政的能力。

增强创新性，就是要把改革创新作为提高教育培训质量和效益的不竭动力。认真贯彻“联系实际创新路、加强培训求实效”的要求，积极推进干部教育培训改革，把提高培训质量和效益摆在更加突出的位置，整合培训资源，提高管理水平，形成文物博物馆教育培训的长效机制，促进学习型社会、学习型单位建设，使干部教育培训工作更好地为科学发展服务，为人才健康成长服务。

在“十二五”期间，着重抓好以下几方面的文物博物馆干部教育培训工作。

（1）加强文物博物馆管理干部培训。各级文物博物馆领导干部是重点培训对象。根据当前文物博物馆领导干部新老交替、不断交流的情况，在“十二五”期间，国家文物局将继续举办省级文物局局长、博物馆馆长、文物考古所所长、古建所所长专业管理干部培训班，每年培训文物博物馆管理干部 100 人。同时，在巩固地市级文物博物馆干部培训成果的基础上，大规模开展县级文物部门负责人调训，每年调训 500 人，用五年的时间全部调训一遍。对参加文物博物馆管理干部培训并取得结业证书的，发给岗位资格证书，并在今后逐步推行文物博物馆领导干部持证上岗制度。

（2）加强文物博物馆专业技术人员培训。当前文物博物馆行业从业人员虽有所增加，但是具有专业技术和技能的人员十分匮乏。大量的不可移动文物亟待抢救保护，大量的馆藏文物亟待保养修复，专业技术人员不足成为迫切需要解决的关键问题。我们要继续办好各类专业技术培训班，其中包括不可移动文物保护规划和修缮、可移动文物保护修复、文物鉴定、博物馆建设、数字信息技术的应用等方面的培训，同时围绕重大文物保护项目和重点文物保护工程开展专题培训。对专业技术人员的培训着重文化遗产保护新理论、新技术学习，特别要注重引导他们树立执著敬业精神，提高实际动手操作的技术和能力，培养职业化、专业化的文化遗产保护专业技术骨干力量。

（3）加强文物行政执法人员培训。《文物保护法》修订实施以来，我国文化遗产保护立法工作得到大力加强，以《文物保护法》为核心，由法律、行政法规、部门规章、地方性法规、其他规范性文件和标准构成的文化遗产保护法律体系框架已经基本形成。加强文化遗产保护法律法规的宣传和实施，依法保护文化遗产，强化执法督查，严肃纠正违法行为，是当前各级文物部门的一项繁重而艰巨的任务。目前文物行政执法队伍体制不尽一致，有的设立在文物行政部门，有的是专业文物行政执法队伍，有的则是依托文化市场执法队伍来开展文物行政执法工作，但是执法业务培训应该是统一的。我们要继续推动各级文物行政执法机构与队伍建设，组织各类文物行政执法人员集中培训，熟练掌握文物保护法律法规，规范文物行政执法行为，加大文物行政执法培训力度，提高执法水平，坚决查处破坏损毁文物的现象和行为，维护法律法规尊严，确保文物安全。

（4）加强西部和少数民族边疆地区文物博物馆干部教育培训。按照实施西部大开发和支援西藏建设、支援新疆建设的战略部署，结合西部文物博物馆工作的实际需求，有针对性地举办西部地区，西藏、新疆等少数民族地区各类培训班，把加强民族地区文化遗产保护列入培训课题，促进东西部地区文物博物馆干部的相互交流与学习。积极协调高等院校举办少数民族地区文物博物馆干部专修班，在培训规划、经费投入、学员名额等方面向西部和少数民族地区倾斜，加大对西部和少数民族地区培养人才、培训文物博物馆干部的支持力度。

（5）加强学历教育。积极鼓励干部职工树立终生学习的理念，按照干什么、学什么,缺什么、补什么的原则,自主选修各种学历教育,在学习时间和经费方面创造条件给予支持。通过“专升本”、进修研究生、选择适当高等院校开展文化遗产管理方向的公共管理硕士学位教育等形式,拓宽干部职工接受学历教育、提高自身素质的途径,培养一批文物博物馆事业发展所急需的专业技术人才，努力改善文物博物馆干部队伍的学历结构和知识结构。积极鼓励专业技术人员在业务工作和学术研究中脱颖而出，努力形成一支具有影响的中青年文化遗产保护、博物馆学科带头人队伍。

（6）加强涉外培训项目管理。中国文化遗产事业的发展离不开世界，世界文化遗产保护也需要中国。要树立世界眼光，加强战略思维，以兼收并蓄的胸怀，密切与国外文物博物馆干部教育培训机构的合作交流关系。一方面邀请国外、境外文物博物馆培训机构和专家来华讲学或合作举办培训班；一方面积极创造条件，有计划地选派文物博物馆干部赴国外进修、深造，学习国外文物保护理念和科学技术，吸收各国优秀文明成果，培养一批外向型人才。在更深程度、更高水平上参与文化遗产保护领域的国际交流与合作，增强中华文化的国际影响力。

四、加强领导，整合资源，形成文物博物馆干部教育培训的长效机制

加强和改进文物博物馆干部教育培训工作，需要全国文物系统的共同努力。各级文物行政部门要加强对文物博物馆干部教育培训工作的领导，把更多的精力和财力投入教育培训工作，将这项工作列入发展规划、列入岗位职责、列入经费预算。国家文物局将一如既往地把教育培训作为一项事关事业发展大局的基础性工作抓紧抓

实，努力建立起更加开放、更具活力、更有实效的文物博物馆干部教育培训体系和长效机制。

（1）编制好“十二五”文物博物馆干部教育培训规划。一是适应文化遗产事业发展的需要，着眼于人才总量的增长和队伍素质的提高，开发人才资源，改善人员结构，保证培训投入，创新体制机制。二是树立大教育、大培训的观念，规划培训的方向目标，明确培训任务和措施，建立覆盖全员的培训体系。三是加大对高层次的复合型领导人才、重点专业技术人员，特别是中青年学科带头人和行政执法骨干的培养力度。四是推行聘用制和岗位管理制度，在文物博物馆行业逐步推行持证上岗，形成适应市场配置人力资源的机制，消除人才流动的体制性障碍，促进人才合理流动。

（2）构建科学合理的文物博物馆干部培训新格局。一是发挥中国文化遗产研究院、中国文物信息咨询中心担负的培训职能作用，积极承担重大培训任务，适当扩大培训规模，努力提高培训人员的数量和质量。二是依托高等院校开展培训工作。国家文物局将继续与北京大学合作，建设好中国文物博物馆学院，发挥这一培训基地的教学优势。同时继续依托各大院校文物博物馆专业院系有计划地举办培训班，实行项目管理。有条件的省区市也要与当地高等院校合作，建设培训基地。在过去一个阶段，各个高等院校充分发挥师资资源、教学资源、信息资源的优势，为文物博物馆干部教育培训作出无私奉献，取得很大成绩。同时也应该认识到，教育培训与学历教育有所不同，需要更加注重实践性、实用性和实效性，倡导研究式、案例式、体验式教学方法，努力做到教学相长、学学相长，提高培训效果。三是鼓励和规范文物博物馆社会组织参与培训工作。各文物博物馆社会组织在专业技术培训中，组织专家学者教书育人，培训各类专业技术人员，发挥出有益的作用。要将文物博物馆社会组织的培训纳入文物博物馆干部教育培训规划，合理安排培训项目，规范培训课程、培训对象和费用标准，保证培训工作健康有序进行。

（3）建好文物博物馆干部教育培训师资队伍。在长期的文物博物馆干部教育培训实践中，我们已经初步形成一支由高等院校教师、高级专业技术人员、高级行政管理干部组成的专兼职师资队伍，在今后文物博物馆干部教育培训中，他们仍然会发挥重要作用。同时，面对面向基层大规模的培训任务，仅仅依靠这支队伍是不够的。要在教学实践中，放宽视野，注重发现培养具有深厚的理论功底和丰富的实践经验、具有专业特长和较好的教书育人能力的中青年兼职教师，帮助他们发挥优势、规范课题、编好讲义，形成相对稳定的师资队伍，丰富师资库，适应文物博物馆干部教育培训发展的需要。

（4）编印好文物博物馆干部教育培训参考书籍。为适应大规模培训的需要，同时也为适应面向基层培养人才的需要，组织文物出版部门编辑出版文物博物馆干部教育培训参考资料，本着先易后难的原则，首先从文化遗产保护基本法律规章和方针政策书籍编起，逐步发展为文物博物馆专业系列丛书。同时注意将教师和学员在培训教学实践中撰写发表的理论学术文章收集整理，编印成册，丰富和扩大教育培训成果。

明年是“十二五”规划的开局之年，我们站在新的历史起点上，建设中华民族共有精神家园。文化遗产事业正在快速发展、充满希望。加强人才队伍建设，切实做好文物博物馆干部教育培训工作，任务艰巨，责任重大。让我们共同承担重任，携手共进，真抓实干，努力提高文物博物馆干部队伍素质，培养大批创新人才，为推进文化遗产事业科学发展作出积极的贡献！

在与西北大学校领导座谈时的谈话

（2011 年 1 月 24 日）

首先，感谢西北大学对国家文化遗产事业的支持。几十年来，西北大学培养了一批又一批考古和文物保护方面的专门人才，为陕西省、西北地区乃至全国的文化事业发展作出了突出的贡献。最近几年，又多次承担国家文物局和陕西省的文物博物馆业务人员在职教育培训工作，为文化遗产保护领域人才培养付出努力，同时，也使西北大学的学科建设得到了加强。回顾西北大学文化遗产学院的发展历程，取得很重要的一条经验，就是把学科建设、教学科研同国家文物博物馆事业发展紧密联系，形成良性互动的局面。

国家文物局高度重视西北大学文化遗产学院的发展建设。希望文化遗产学院根据文化遗产保护领域人才培养的需要，优化专业结构，突出办学特色，在学历教育、职业教育、人员培训等方面不断取得新进展。

首先，考古学科建设，要突出西北大学的特点。一是吸收、引进国内外的优秀人才，在考古遗址管理、大遗址保护、国家考古遗址公园建设与管理等方面实现理论创新、实践创新和人才培养创新。二是发挥西北大学的专业优势，在古代西北地区民族发展演变这一领域规划、开展考古学专题研究，为维护国家主权和民族团结做好必要的学术准备，并培养出一批高水平的研究人员。三是在古代东西方文化交流，特别是丝绸之路方面加强考古学研究，通过开展国际交流与合作深化这一领域的研究，为包括丝绸之路申报世界文化遗产在内的重要文化遗产保护项目提供专业学术支撑。

西北大学文化遗产专业教学座谈会

其次，文物保护学科建设，要适应文化遗产保护形势的需要。从人才培养方向上讲，既要培养研究型的文物保护专家学者，也要培养一大批应用型的文物保护专门人才。换言之，就是我们不仅需要文物保护方面的科学家，也需要一大批高水平的文物保护技术人员。相应地，从学历结构上讲，既要开展本科、研究生教育，也要考虑开展面向文物保护一线的在职教育。从《国家中长期教育发展纲要》看，2020 年前高等教育新的发展点正是高等职业技术教育。这符合国家关于高等教育的发展思路，也与文化遗产保护的实际需要相适应。从专业与课程设置上讲，要考虑文物保护与修复各专业门类最稀缺、需求最迫切的工艺和技术，例如古建筑保护维修的各个专业门类。可考虑聘请那些掌握传统文物修复技艺的老专家、老工匠承担一部分教学工作。

第三，在职人员教育培训，要有新的发展领域。“十二五”期间，将继续开展省级文物局局长、博物馆馆长、考古所所长、古建筑所所长培训。希望西北大学继续承担省级考古所所长的培训任务。此外，还可承担其他内容的专项培训。去年，国务院学位办发布了开展文物博物馆专业硕士学位教育的通知。西北大学在开展专业硕士学位教育时，应尽量招收文物博物馆系统的在职人员。在加强文物修复人员培训工作方面。目前承担这项任务的主要是中国文化遗产研究院的教育培训中心，近5年来培养了近400名文物保护修复人员。但是仅靠中国文化遗产研究院是不够的，需要建立文物保护修复的区域性二级培训网络。希望西北大学利用自身和西安文物保护中心、敦煌研究院等优势资源，建成辐射西北地区的文物保护修复人员培训基地。

在全国文物与博物馆专业学位研究生教育指导委员会会议上的讲话

（2011 年 3 月 18 日）

全国文物与博物馆专业学位研究生教育指导委员会和文物与博物馆专业硕士学位的设立，是适应我国文物与博物馆事业发展实际需要的重要举措，也体现出国务院学位委员会和国家教育部门、人力资源和社会保障部门对文物与博物馆事业的关心和支持，为更好更多地培养高层次文物与博物馆学术研究人才和应用型人才创造了条件。

首届全国文物与博物馆专业学位研究生教育指导委员会第一次会议

全国文物与博物馆专业学位研究生教育，应做好“三个对接”。

一是专业方向设置要与文物与博物馆工作的实际需要对接，满足当前文物博物馆事业发展中突出、紧迫的人才需求。例如文物建筑修缮、考古发掘技术、馆藏文物修复等。二是培养方向要与文物与博物馆高等教育对接，健全我国文物与博物馆职业型、应用型人才的培养体系。未来5到10年，我国高等教育的增长点主要在高等职业教育。文物与博物馆专业硕士学术的培养方向上应为高等职业教育毕业生预留接口，使文物与博物馆应用性人才培养从中等职业教育向上到高等职业教育和硕士研究生层次的通道保持畅通。三是招生计划要与文物与博物馆在职人员的实际需求对接，适当倾斜，为在职人员学习提高创造条件。要考虑到文物系统人员的实际情况，尽可能允许相关院校自主划定录取线，特别是外语考试合格分数线。

作为国家文物博物馆事业的管理部门，国家文物局将积极支持文物与博物馆专业硕士学位教育的开展。①与教育部门和相关高校一道，开展调研，认真分析，通过委托课题等形式，研究制订文物与博物馆专业硕士学位细化的专业方向和教学大纲等标准文件。②在教育部门的支持下，明年或后年对先期开展文物与博物馆专业硕士学位教育的高等院校院系的工作情况进行考查评估，结合文物博物馆事业的实际需要提出改进意见。③发挥行业部门的服务协调职能，整合资源，实现高等院校文物与博物馆专业硕士学位教育和文物部门队伍建设良性互动的局面。一是通过与省市文物部门联合委托培养的方式开展有计划、具有针对性的专业硕士学位教育。二是在课题立项申请等方面支持相关高等院校院系的学科建设，夯实文物与博物馆专业硕士学位教育的学术基础。三是在具备条件的情况下，根据需要开放一些文物保护和博物馆项目，为学生实习创造良好的条件，实现文物与博物馆业务工作和人才培养的双赢。

在第三届全国青少年文化遗产知识大赛颁奖仪式上的讲话

（2011年6月10日）

首先，我代表国家文物局，向获得第三届全国青少年文化遗产知识大赛优异成绩的同学们表示热烈的祝贺！文化遗产不仅是我们从祖先手中继承的宝贵资源，更是我们要传承给子孙后代的人类共同财富，文化遗产的未来属于青少年。今天青年学生对文化遗产的了解和认知程度，对未来文化遗产的科学保护和利用将起到决定性作用。在广大青少年心目中树立文化遗产保护理念，普及文化遗产知识，不仅是文化遗产事业健康发展的前提条件，更是繁荣发展中华文化，推动人类文明进步的重要动力。

文化遗产是祖先的足迹，是人类文明的结晶，是最生动、最深刻的教材。文化遗产中承载的历史、地理、文学、艺术、科学、技术等众多领域的知识，对青少年具有强大的吸引力和感召力。文化遗产教育，对于激发青少年对中华民族优秀传统文化的热爱，汲取祖先的无穷智慧，运用于当代的创新发展，具有不可替代的作用。“全国青少年文化遗产知识大赛”已连续成功地举办了三届，比赛中运用双向、互动的模式，寓教于乐，起到了丰富学生学习生活、拓展知识空间、增强艺术鉴赏力、陶冶思想情操、提升文化素养的作用。今天参赛同学的精彩表现，展现了青春和活力，更展现了我国文化遗产事业的蓬勃动力。

热切期盼通过这样的活动，使越来越多的青少年关注文化遗产、了解文化遗产、热爱文化遗产，使文化遗产事业薪火相传，繁荣发展。

第三届全国青少年文化遗产知识大赛决赛暨颁奖

在武汉大学文化遗产保护座谈会上的谈话

（2011 年 6 月 20 日）

35 年来，武汉大学培养了大批历史考古方面的专门人才，为湖北省、华中地区乃至全国的文物事业发展作出了重要的贡献。最近几年，又承担很多在职文物博物馆干部教育培训工作，促进了文化遗产保护的能力建设，也使自己的学科建设得到了加强。国家文物局高度重视武汉大学文物博物馆学科的发展建设。希望武汉大学根据国家文化遗产事业发展的需要，优化专业结构，突出办学特色，在学历教育、职业教育、人员培训等方面不断取得新进展。

武汉大学珞珈讲坛

考古学科建设，要突出武汉大学的特点。特别是在简帛整理与研究、江汉地区文化序列和谱系研究以及楚文化研究等几个重要领域，武汉大学有着传统上的学科优势，要继续努力，不断取得新进展，为相关文化遗产保护工作奠定坚实的学术基础。

得知武汉大学首批文物博物馆专业硕士研究生就要入学了，我很高兴。国家设立文物博物馆专业硕士学位，为培养文化遗产保护高层次应用型人才创造了条件。专业硕士研究生教育的根本特点，就是着眼于应用型人才的培养，而不是学术型人才培养。关于这一点，我曾强调三个方面的对接：一是专业方向设置与文物博物馆工作的实际需要对接，满足当前文物博物馆工作比较突出、急迫的人才需求。二是招生计划与文物博物馆在职人员实际需求的对接，适当倾斜，为在职人员学习提高创造便利条件。三是文物博物馆专业硕士培养与文物保护高等职业技术教育对接，健全我国文物博物馆职业型、应用型人才的培养体系。做好这项高层次应用型人才培养工作，对我们来说是一个新的课题，还要下很大功夫。希望武汉大学能够创造出一些新经验。

作为武汉大学悠久历史标志和象征的武汉大学早期建筑，是由著名科学家、教育家李四光选址、规划、筹资，由美国著名建筑师开尔斯主持设计，具有十分重要的历史、科学和艺术价值。它不仅是中国近代教育的历史见证和中国近现代历史的真实记录，而且建筑古朴典雅、巍峨壮观，与自然环境、人文环境有机融合、相得益彰，是中西文化思想在建筑、美学等领域相互借鉴和交流的重要标志，堪称我国近代大学校园建筑的佳作和典范。2001 年，武汉大学早期建筑与北京大学未名湖燕园建筑、清华大学早期建筑、东北大学旧址等名校建筑，一起被国务院公布为全国重点文物保护单位。

国家文物局重视包括武汉大学早期建筑在内的名校早期建筑的保护工作。近年来，先后督促、指导北京大学、清华大学等高等院校，编制完成了文物保护规划、文物建筑维修方案，论证、批复了文物周边建设控制地带内的相关校园建设工程方案，有力保证了学校教学工作的正常开展。国家文物局近年来先后组织专家科学论证、批复的武汉大学早期建筑修缮工程方案，包括学生寄宿舍、老图书馆樱园 1 ~ 4 舍、理学院、工学院、周恩来故居、郭沫若故居等，保证了文物建筑的安全和正常使用。

对于武汉大学早期建筑保护工作我有几点建议。

一是抓紧编制文物保护规划。鉴于武汉大学早期建筑数量较多，分布分散，而且仍然发挥着使用功能，面临着校园建设等实际需求，开展保护工作的难度较大，建议学校抓紧组织专业机构编制文物保护规划，科学规划，统筹安排相关保护管理、展示利用、基础设施建设等工作，妥善处理好教学需要、建设需求与文物保护的关系，使这些早期建筑的保护管理工作纳入法制化、规范化轨道，确保文物的真实性、完整性。

二是进一步加强维修保护工作。为确保文物保护单位的安全，省文物管理部门应积极指导学校有关部门在对各早期建筑的保存状况逐一开展全面调查、评估的基础上，坚持“不改变文物原状”的文物保护原则，制定有针对性的保护维修方案和必要的消防、防雷工程方案，加强文物建筑的维护、修缮工作。国家文物局将协调有关部门在工程勘察设计方案的编制、文物保护工程的实施等相关工作中，积极提供技术、经费等方面的指导、支持。

三是进一步提高全校师生的文物保护意识。武汉大学早期建筑是武汉大学悠久历史的见证，极为珍贵。由于它们至今仍然承担着一定的教学任务或使用功能，供广大师生使用，建议学校根据《文物保护法》等相关规定，进一步明确、落实文物保护责任，严格履行相关建设活动的报批程序，并积极开展宣传教育，组织广大师生学习、了解国家有关文物保护的法律法规，增强文物保护意识，争当爱护文物的模范，保证文物建筑的各种价值、功能得以延续、展示，为促进学校发展、人文进步作出自己的贡献。

在北京建筑工程学院“建筑遗产保护理论与技术”博士人才培养项目专家论证会上的讲话

（2011 年 9 月 13 日）

今天，我们召开教育部“关于开展授予博士学位的服务国家特殊需求人才培养项目”试点工作的行业论证会。感谢以王瑞珠院士为组长的各位专家百忙之中前来对“建筑遗产保护理论与技术”博士人才培养项目进行评审和论证。

为北京建筑工程学院师生作专题讲座

我国是文化遗产大国，其中建筑遗产占有极大的比例。建筑遗产具有历史、艺术、科学和情感等诸多价值。同时，建筑遗产具有不可再生、极为稀缺的属性。我国建筑遗产数量多、分布广，已调查登记的不可移动文物建筑达80余万处。但是，其中不少呈现本体状态差、生存环境不良、保护力量薄弱的状况，持续受到建设性破坏的威胁。

在此背景下，建筑遗产保护问题日益突出，已成为当前文化遗产事业发展的重要课题方向之一。我国建筑遗产在营造、结构、材料、伦理和美学上堪称独特的东亚体系，摸索适合中国社会条件的建筑遗产保护途径，一直是我国文物界的核心课题之一。然而，我国当前尚未设立建筑遗产保护博士学位，现在从业人员多从建筑学、历史学、考古学等专业方向输送而来，尚不能满足该领域的特殊需求。因此，培养建筑遗产保护的高端专业人才，应用科学方法介入政策制定、规划建设、保护实施和经营管理诸环节，指导建筑遗产的理论研究、评估、测绘、保护和修缮工作，已经非常急迫，设立“建筑遗产保护理论与技术”领域的博士学位授权点十分必要。

北京建筑工程学院作为北京市唯一一座建筑类高校，多年来，秉承高度的历史责任感，一直致力于建筑遗产保护工作，而且作出了突出的成绩。长期以来，承担了国家文物局、故宫博物院、中国文化遗产研究院等单位多项科研课题。主持和参加了三峡建筑遗址抢救性发掘与保护规划、故宫建筑遗产三维扫描和精细测绘、明代长城延庆段保护规划、唐代大明宫遗址保护研究、秦代阿房宫遗址保护研究、“丝绸之路”新疆地区建筑遗址保护规划等世界遗产项目和国家重点文物保护单位项目，而且取得了显著的成果和效益。北京建筑工程学院培养的很多毕业生已成为建筑遗产保护领域的技术骨干。此次北京建筑工程学院积极申报“建筑遗产保护理论与技术”博士学位人才培养项目同样体现了学校对建筑遗产保护工作的使命感和责任感。作为行业主管部门，我们非常支持，认为这一项目是必要的、可行的，北京建筑工程学院也具备这方面的实力。

在座各位都是行业内的专家，德高望重、经验丰富、学术造诣精深、行业素养深厚，希望各位专家认真对此项目提出宝贵的意见和建议。帮助我们进一步提升项目的水平。我相信，面对国家建筑遗产保护的要求及首都建筑遗产保护的地域特殊性，开展“建筑遗产保护理论与技术”博士学位人才的培养，能够更好地满足国家和区域对于建筑遗产保护事业的特殊需求，完善建筑遗产保护高端人才队伍的体系建设，为我国建筑文化的传承作出更大贡献。

在首届水下文化遗产保护（考古）培训班毕业典礼暨水下文化遗产保护工作座谈会上的报告

（2011年9月21日）

今天，我们在美丽的青岛召开首届水下文化遗产保护（考古）培训班毕业典礼暨水下文化遗产保护工作座谈会，和长期以来奋战在我国水下考古和水下文化遗产保护工作第一线的同事们一起，共同探讨国家水下文化遗产事业发展的新形势、新特点，意义非凡。

过去说每20年就是一代人，那么今天几位曾经参加第一期水下考古培训班的专家也参加了此次会议，可谓新老同人欢聚一堂。特别令人高兴的是，参加首届国家水下文化遗产保护（考古）培训班的学员们都是“80后”的青年人。“80后”一般都是独生子女，往往给人以娇气、稚嫩的印象，最近报纸上也曝光了个别“80后”“富二代”的问题，但是今天我们面前的20名参加培训的“80”后，有着良好的精神面貌，经过培训，身体更加健壮，意志更加坚强。甚至他们还有了“水二代”之称。

那么为什么叫“首届国家水下文化遗产保护（考古）培训班”呢？它和以往的水下考古培训班有什么区别呢？我理解，这是伴随时代发展，认识不断深化的必然结果。也就是我们已经从“文物保护”走向“文化遗产保护”的时代。从2005年国务院发布《关于加强文化遗产保护的通知》以来，我国文化遗产的保护理念、保护范围都出现了重大变化。倡导世代传承性、公众参与性的保护理念，推动工业遗产、乡土建筑、20世纪遗产、文化线路、文化景观、运河遗产等新型文化遗产的保护。文物保护专项经费也有了超常规的增长，从2006年的7.65亿元到2010年的97.7亿元，“十二五”期间还有更加快速的预算增长。今年国家水下文化遗产保护中心的工作经费开始列入国家财政预算，虽然起步第一年只有6000万元，但是今后每年都会有较大增长。在这样的形势下，我们开始了从“水下考古”走向“水下文化遗产保护”的进程。

几十年来，我国的考古事业在前辈们的艰苦努力下，从20世纪20年代开始，建立了有中国特色的考古学体系，但是，伴随时代的发展，考古学科和考古实践也有了新的进步，出现了新的面貌。例如更加重视考古调查和保护规划编制、更加重视文物本体保护、更加重视多学科研究、更加重视考古遗址整体保护、更加重视考古报告撰写出版、更加重视考古成果展示、更加重视文化遗产传播等。水下文化遗产保护也要与时俱进，要从“水下考古”走向“水下文化遗产保护”。同样也要重视上述这些理念在实践中的落实。因此我认为，比起增加水下文化遗产保护经费来说，培养掌握水下文化遗产保护先进理念的人才更加重要；比起培训水下考古技能来说，掌握水下文化遗产保护科学理论更加重要。因此，看到今天我们水下文化遗产保护的培训成果，看到我们国家有了一批承上启下、继往开来，能够承担未来更加艰巨、更加光荣的水下文化遗产保护任务的专门人才和中坚力量，格外高兴。

首先，我谨代表国家文物局，向今天结业的首届国家水下文化遗产保护（考古）培训班的学员们表示热烈祝贺！刚才，国家水下文化遗产中心作了工作汇报，我也想利用这个机会，就当前水下文化遗产保护面临的形势、任务、机遇、挑战等，谈几点意见。

一、进一步统一思想，提高认识，深入理解水下文化遗产保护事业在当前国计民生中的重要意义

最近十年来，随着世界各国对于海洋权益争夺的日益激烈，加强水下文化遗产的保护，已经日益成为各国普遍关注的政治和经济问题。我国也不例外。开发海洋资源，发展海洋文化，已经成为沿海地区寻求经济发展的一个新的关注点和增长点。近年来，国家逐步建立山东半岛蓝色经济区、福建海峡西岸经济区、广西北部湾经济区、海南国际旅游岛等沿海区域性发展战略规划，不仅明确了国家海洋产业发展的战略思路，也对区域性海洋经济发展格局进行了科学规划。由于南海局势的日益复杂化和尖锐化，对水下文化遗产的调查、发掘、保护和利用，正成为维护国家的领土完整与安全的一个重要方面，而我们现有的工作成果，无论是数量还是质量，都还不能适应要求，我们现在的工作能力和水平、我们的装备水平，也制约着我们。所以，一定要对形势的紧迫性和任务的繁重性保持清醒的认识，要有忧患意识和紧迫感、危机感、责任感，千方百计地加快事业发展。

二、加强国家主导，统筹部署，尽快建立国家水下文化遗产事业发展新格局

历史的经验和现实的要求都表明，加快发展水下文化遗产事业，一定要牢牢坚持国家主导的原则，牢固树立并不断加强全国一盘棋的观念、努力实现并不断巩固上下一体的工作格局。我非常同意刚才汇报中表述的一个观点：中国特殊的国情、水下文化遗产工作特殊的要求，决定了中国的水下考古、水下文化遗产工作必须坚持国家主导的原则。回顾 30 年来我国水下考古、水下文化遗产事业的发展历程，我们就会发现，什么时候对国家主导原则坚持得好，什么

时候的水下考古和水下文化遗产事业就发展得快、发展得好。这是一条基本经验，也是一条基本原则。

坚持国家主导，就是要坚持以国家利益为先、以国家需求为重；就是要对全国各地的水下文化遗产项目统一规划、统筹考虑，通盘布局；就是要对项目和各地的发展区别轻重缓急，分出先后快慢；就是要集中全国的财力和人力实施一批重大工程，干一番大事业。坚持好国家主导，需要从多个方面采取措施，主要体现在两个方面：一个是发挥国家各部门的积极性，发挥好国家水下文化遗产保护工作领导小组的作用；一个是创新工作机制，建设好国家水下文化遗产保护中心。

随着水下文化遗产保护工作的深入开展，国家文物局与外交、财政、科技、公安、海洋、海监、交通运输以及海军、总参等多个部门的联系日趋紧密，在打击非法盗捞和走私水下文物活动、开展水下文物监控、日常巡护和远海水下考古等多方面进行了很好的合作。在 2010 年国家文物局与国家海洋局签署《关于合作开展水下文化遗产保护工作的框架协议》后 ,2011 年双方在“908”成果应用、水下考古工作船研发、水下文化遗产监控和日常巡护、海洋文化宣传等方面开展了多项合作，双方合作的广度和深度不断拓展。

国家水下文化遗产保护中心的成立和发展，是国家审时度势采取的一个重要举措，将水下文化遗产保护放在了一个优先发展的重要位置。国家文物局赋予国家水下文化遗产保护中心十项职能，最重要的是负责统筹协调、组织实施全国水下文化遗产保护项目。为了促使其最大限度地履行职能，陆续在宁波、青岛、武汉、福建等建立基地，配合国家水下文化遗产保护中心开展工作，以期尽快构建起我国水下文化遗产保护的格局，促进我国水下文化遗产保护工作更加规模化、系统化、科学化。

三、推进体制创新，加大科技投入，以重大项目推动水下文化遗产保护事业的持续、健康和跨越式发展

为了创造更好的解决问题的环境和条件，希望在国家水下文化遗产保护中心的建设与发展上大胆创新，做一些具有开创性的新尝试。借助建造考古工作船等重大工作条件改善情况，在水下文化遗产工作中探索垂直管理的可行性，将全国的水下文化遗产保护机构、人员进行整合，集中优势兵力，克难攻坚，带动整个水下文化遗产保护水平提升。我认为这是一个很有想象力和创新探索精神的想法。从某种意义上说，国家水下文化遗产中心不仅仅是国家文物局的重要工作支撑，更是全国水下文化遗产保护工作的重要管理者、组织者、承担者，更需要依靠各地区的力量，发挥各个方面的积极性，解放思想，创新举措，共同建设。

实现水下文化遗产事业跨越式发展，必须要以重点项目、重点工程为抓手。我们说抓机遇，在很多时候就是抓实施重点项目、重大工程的机遇。或者说，就是要设计、组织重大项目、重大工程。当前，水下考古工作船、“南海I号”、“南澳I号”水下考古和文物保护，就是重中之重，必须作为国家重点工程精心设计、精心组织、精心实施。国家水下文化遗产保护中心作为项目牵头单位，责任重大，要组织好跨地区、跨部门、多学科的技术团队，尽快提出具有操作性的、符合实际的工作方案，尽快启动实质性工作。有关地方也应该从事业发展的大局出发，打破地域局限，全力配合。

展望“十二五”，水下文化遗产事业正处在有利机遇期，我们要把握当前机遇，解放思想，开拓创新，稳步推进水下文化遗产保护工作实现跨越式发展。

在国家文物局、四川大学签署共建协议仪式上的致辞

（2011年10月11日）

《国家文物局、四川大学考古与博物馆学科共建协议》今天正式签署，对于推动高等教育和文化遗产事业相结合具有重要意义。

四川历史悠久，物华天宝，人杰地灵，历史文化积淀极其深厚，是我国文化遗产大省和西部经济强省。四川区位优势、自然优势、文化优势十分突出。坐落于蓉城的四川大学，秉承“海纳百川，有容乃大”的校训，坚持“严谨、勤奋、求是、创新”的办学理念和办学思想，历经近百年发展，已跻身于我国著名的综合性大学之列。学校规模宏大、人才济济，学科齐全、优势突出，不仅新建、创建了许多国家急需的应用学科、技术学科和新兴学科，形成了多层次、多规格的人才培养体系，而且建成了包括人文科学、社会科学、管理科学、自然科学、技术科学等多学科交叉综合的独特学科体系。在各个历史时期，四川大学始终勇立潮头，以民族大业为己任，为祖国培养出了大批优秀干部和栋梁之才。尤其在历史学、考古学、博物馆学等领域，四川大学厚朴笃行，人才辈出，硕果累累，为我国文化遗产事业发展作出了突出贡献。

当前，我国文化遗产事业正面临着良好的发展态势，社会各界参与文化遗产保护的热情持续高涨。近两年，国家文物局先后与许多部局、省市签署了文化遗产保护共建协议，协议内容既有大遗址

保护、水下文化遗产保护方面，也有文物旅游、文物保护科技方面，但是与大学签署共建协议，特别是人才培养和学科建设方面，今天则是第一次。

此次国家文物局与四川大学签订《国家文物局、四川大学考古与博物馆学科共建协议》，就是要通过局、校合作模式，力争用五年时间，将四川大学历史文化学院建设成为我国西南地区高等院校文物博物馆培训中心和中国藏族聚居区文物博物馆人才培育基地，将四川大学博物馆建设成为具有一定规模且具有较高展示研究和社会服务水平的综合性高校博物馆。通过共建，鼓励、支持四川大学依托在西藏文物考古领域长期形成的特色与优势，充分发挥四川大学中国藏学研究所、四川大学考古系的学术学科优势，在西藏、青海、四川、云南等四省藏族聚居区开展涉藏田野考古工作；支持四川大学建设高水平的“高校文博科技保护中心实验室和教学中心”，开展相关文物博物馆科技保护实验项目和教学任务。通过共建，增进协作，实现共赢，充分发挥四川大学在人才培养和科学研究中的资源优势和区位优势，推进我国文化遗产事业，特别是四川省以及西部民族地区文化遗产事业又好又快发展。

国家文物局四川大学考古与博物馆学科共建协议签字仪式

在全国文物博物馆专业学位研究生教育研讨会上的报告

（2011年12月3日）

今天，我们在南京大学召开全国文物与博物馆专业学位研究生教育研讨会。年末岁尾各类会议很多，但是，其中我们最期待的却是今天这个规模并不太大的会议，因为这次会议将研讨实现我国文物与博物馆可持续发展的重大问题。我们几十个高等院校拥有文物与博物馆专业的老师们集聚一堂，共同研讨文物与博物馆专业学位研究生教育发展问题，也是一次十分难得的机会。大家都是忙人，

全国文物与博物馆专业学位研究生教育研讨会

所以我们宁肯将会议安排在双休日，即使这样，丝毫没有影响大家参加会议的积极性。为此，我代表国家文物局和全国文物与博物馆专业学位研究生教育指导委员会，向28个培养单位以及今天到会的各高等院校的代表表示热烈的欢迎，向给予这次研讨会大力支持的南京大学表示衷心的感谢。

文物与博物馆专业硕士研究生教育是一项崭新的事业。国家去年批准设立这一专业学位，今年1月30日，国务院学位委员会又批准成立了全国文物与博物馆专业学位研究生教育指导委员会。在这一过程中，复旦大学和相关高等院校作出了重要贡献。3月19 日，指导委员会在京举行成立会议。一年来，按照教育部的工作部署，指导委员会秘书处开展了卓有成效的工作，在广泛调研、征求培养单位和用人单位意见的基础上，研拟并报请教育部印发了《文物与博物馆硕士专业学位研究生指导性培养方案（试行）》，连同《文物与博物馆硕士专业学位设置方案》《文物与博物馆硕士专业学位授权点基本条件》等基本文件，构成了开展这项专业学位教育的基础。此外，秘书处还加强相关工作的信息交流，设立了专门的网站，用于介绍宣传文物与博物馆专业硕士学位教育活动，扩大影响，加强服务和指导。首批获得授权开展文物与博物馆专业硕士研究生教育的28家高等院校积极参与到这项人才培养事业中来，经过积极准备，首批共258名文物与博物馆专业硕士研究生，其中在职专业硕士研究生50名，已经于今年9月入学。应该说，这项人才培养事业已经有了一个良好的开端。

我们这次研讨会，目的是总结前一阶段的工作，搭建文物与博物馆专业硕士培养单位和使用单位有效沟通的平台，统一思想，达成共识，为下一阶段的文物与博物馆专业硕士培养工作打下良好的基础。刚才，南京大学杨忠副校长做了重要讲话；南京博物院龚良院长、上海博物馆郭青生主任代表人才使用单位，复旦大学高蒙河教授、南京大学水涛教授代表人才培养单位，结合各自情况做了主旨发言，听了以后很受启发。研讨会期间，其他学校还将介绍文物与博物馆专业硕士研究生的培养情况,与会代表还将进行座谈讨论。下面，我讲三点肤浅的意见。

一、进一步认识文物与博物馆专业学位研究生教育的重要性和紧迫性

（1）开展文物与博物馆专业学位研究生教育，是贯彻落实《国家中长期教育改革和发展纲要（2010—2020 年）》，建立具有中国特色的专业学位研究生教育管理制度的具体体现。当前，科学技术突飞猛进，新知识、新理论、新技术日新月异，职业分化越来越细，职业的技术含量和专业化程度越来越高，对专门人才的需求呈现出大批量、多规格、高层次的特点。世界各国高等教育都主动适应这种变化，积极进行人才培养目标和培养模式的调整，大力提高人才培养的适应性和竞争力。近年来，随着我国经济社会的快速发展，迫切需要大批具有创新能力、创业能力和实践能力的高层次专门人才。研究生教育必须要增强服务于国家和社会发展的能力，加快结构调整的步伐，加大应用型人才培养的力度，促进人才培养与经济社会发展实际需求的紧密联系。

（2）开展文物与博物馆专业学位研究生教育，是当前文化遗产事业实现可持续发展的现实要求。当前，文物与博物馆事业在各级政府的支持下快速发展。经费投入大幅度增加，“十二五”期间将增加数倍。文物保护工作领域在不断拓展。博物馆工作的重点也

在从“数量增长”走向“质量提升”，从“馆舍天地”走向“大千世界”。面对这些发展变化，我们的学科建设和人才培养工作还是有些不相适应。一是从总量上来说不能够满足工作需要，全国文物与博物馆队伍仅有 8 万 ~ 9 万人，其中专业人员仅占 20%。二是知识结构和专业结构不能适应事业发展的变化。三是高层次人才特别是应用型的高层次专业人才严重缺乏，即使在文化领域中文物与博物馆专业人才的比例也是明显偏低。这些都是阻碍我们事业发展的瓶颈。可以说文物与博物馆专业硕士学位的设立，适应了我国文化遗产保护工作的实际需要，体现了国家对文化遗产事业的关心和支持，为培养文化遗产保护高层次应用型人才创造了条件。

（3）开展文物与博物馆专业学位研究生教育，有利于解决当前文物与博物馆工作队伍存在的结构性问题。长期以来，文物与博物馆系统人员专业结构过于单一，主要是考古学教育背景。随着文物与博物馆事业的快速发展，文物概念的内涵和外延都有了很快的进步，在保护方法和技术手段等方面都有了巨大的发展；博物馆的类型和模式也在发生很大的变化，各种行业博物馆以及生态博物馆、社区博物馆、数字博物馆等新型博物馆越来越多地出现在社会公众面前，正在实现一个多样性的转变。在这些发展变化面前，我们的人才培养工作还是不相适应。另一方面，文物与博物馆工作具有特殊性，既“博”且“杂”，珍贵文物藏品的归档、维护、展示等工作都需要专业知识和专业技术，没有接受过专业训练的从业者不可能正确对待和管理好这些文物藏品，更难以开展学术研究和向社会公众普及文化知识。同时，文物与博物馆业务工作更突出实践性，传统的学术型高等教育难以满足需要，而职业教育以及更高层次的专业硕士教育则为培养能够胜任这些工作的专门人才创造了条件。

二、以服务文化遗产事业发展为导向，促进文物与博物馆研究生教育实现学术用型应用型并重

在新中国的高等教育史上，考古学专业诞生较早，北京大学历史系从 20 世纪 50 年代就开办了考古学专业；70 年代以来，吉林大学、山东大学、南京大学、武汉大学等 10 余所高效相继开设了考古学专业，为文物与博物馆行业培养了大批人才。改革开放以后，随着文物与博物馆事业的发展，考古学专业已不能覆盖文物与博物馆行业涉及的所有专业领域，诸如社会文物鉴定、地面文物保护、博物馆藏品管理和展示设计等方面的问题,都不属于考古学范畴。因此，从 1980 年开始，南开大学、上海大学、复旦大学等著名大学的历史系相继开办文物与博物馆学专业，发展至今，已有 20 ~ 30 所高校设置了该专业，比开设考古学专业的高等院校还要多。80 年代，国家文物局委托复旦大学、北京建筑工程学院等单位举办的文物博物馆大专班以及各省市文物局委托其他大学举办的文物博物馆大专班，培养了 3500 多名在职干部。由于他们具有一定的工作基础，经过两年的系统训练，迅速成为业务骨干，很多人至今仍活跃在文物与博物馆工作第一线。虽然在今天看来大专班的学历层次偏低，但是这是高等院校面向文物工作实际需要开展应用型人才培养的开端。近年来，在古建筑保护维修领域的很多高级专家，则来自 80 年代初清华大学举办的古建筑保护专修班，这是面向文物保护实际工作开展专业性人才培养的早期成功案例。1989 年国家文物局和复旦大学共同筹建的复旦大学文物博物馆学院正式成立，进一步深化了国家文物行政部门与高等院校在人才培养方面的合作。1994 年开始，国家文物局连续 3 年委托北京大学、中山大学、中央美术学院等单位开展文物鉴定硕士研究生教育，实行“馆校结合”“双导师制”，这

已经是文物与博物馆专业学位研究生教育的最早探索。

进入新的世纪，国家文物局在文物与博物馆人才培养方面有了新的思考。大致可以分为两个阶段，一是“十五”时期的打破封闭，实现开放式培养人才。二是“十一五”时期的凝聚力量，大规模培养人才。在“十五”初期，在2002年召开的全国文物工作会议上，国家文物局将加强文物与博物馆人才培训列为文物事业的四项重点基础工作之一，提出大力开展教育培训，在项目安排和经费预算方面给予保障，逐步实施资格认定、持证上岗制度，培养更多的高素质文物博物馆专业人才和管理人才。2003年以后，国家文物局与北京大学、清华大学、复旦大学、南开大学、四川大学、西北大学和中国文物研究所等高等院校和科研机构密切合作，连续6年举办了全国省级文物局局长、博物馆馆长、考古研究所所长、古代建筑研究所所长专业管理干部培训班，共培训省级文物博物馆管理干部440名，达到应参加培训人员的80%。在此基础上，推动博物馆人才教育培训向基层深入，积极指导各省、自治区、直辖市文物部门，开展地市县博物馆馆长和专业人员的培训工作。同时，结合文物博物馆工作实际,陆续举办了包括博物馆藏品定级以及馆藏书画、纺织品、古代家具、青铜器、石质文物等保护修复专业技术培训班，利用高等院校和科研院所，通过在职培训、学历教育、师承制传授等多种途径，培养保护修复人才。进入“十一五”时期，根据日益紧迫的人才需求形势，加大了文物与博物馆人才培养的规模和力度。包括世界文化遗产地负责人、少数民族地区文物与博物馆人才、军队营房文物保护人才、市县级文物与博物馆负责人等方面的人才培训。

今年我国的经济社会发展进入“十二五”时期，各方面情况发生了很大的变化，文化事业得到社会各界的高度重视，文物与博物馆事业也出现了蓬勃发展的可喜形势。此时此刻，我们认为整个文化遗产事业在快速发展的形势下，更应该冷静思考可持续发展的问题，在各个方面应该努力实现从“数量增长”走向“质量提升”，从“馆舍天地”走向“大千世界”。因此，在文物与博物馆人才培养方面也应该在“十五”时期实现开放式培养人才、“十一五”时期实现大规模人才培养的基础上，实现“十二五”时期更高层次、更符合文物与博物馆可持续发展需求的人才培养战略。

事实上，各高等院校的文物与博物馆院系不仅在学位教育方面为我国文物与博物馆事业作出了重大贡献，还积极参加文物系统的在职干部教育培训工作。北京大学与国家文物局合作办学，成立了中国文物博物馆学院。清华大学、复旦大学、南开大学、西北大学等高等院校都承担了大量的在职文物与博物馆管理干部和专业人员培训工作。尤为重要的是，各高等院校还充分发挥学科优势，积极承担国家文物局的重要科研课题和重大文物保护项目。在“夏商周断代工程”以及随后的“中华文明探源工程”等重大科研项目，北京大学、清华大学、北京科技大学、吉林大学、山东大学等高等院校发挥了重要作用，使其学科建设和人才培养都取得了长足的进步。“十一五”期间，国家文物局依托北京大学、天津大学等高等院校建立了很多重点科研基地；国家文物局组织实施的“大遗址保护关键技术研究”“古代建筑保护关键技术研究与开发”“文化遗产保护关键技术研究”“中华文明探源工程（二）”“石质文物保护关键技术研究”等国家科技支撑计划项目，清华大学、北京大学、兰州大学、东南大学、西北大学、西安交通大学等单位都参与联合攻关，作出了重要贡献。

天津大学建筑学院

但是也应该看到，目前授权开展文物与博物馆专业学位研究生教育的 28 家高等院校，都是传统的学术型培养模式，主要是为高等教育和科研部门培养教学、科研型人才。在我国学位和研究生教育制度建立之初，这种模式是必要的。但是随着事业的进一步发展，对人才需求的类型发生重大转变，其不足也开始逐渐显现出来。主要问题是传统的学位获得者在接受教育的过程中缺乏充分必要的职业能力和实践能力的训练。他们当中的一部分人往往是理论知识比较扎实，但是解决实际问题的能力比较缺乏。尽管学术型和专业型两类学位教育具有一些共同的基础，但是由于专业学位教育的根本任务是培养面向实践领域的高层次开发应用型人才，两者又各自具有一定的特点。一是培养的目标不同，学术学位教育偏重于陈述性知识，主要关注“是什么”和“为什么”的问题，而专业学位教育更强调应用和实践教育，更偏重于程序性知识，主要关注“做什么”“怎么做”的问题。二是培养方式存在差异，一般而言，学术学位基本以学科为中心构建课程体系，强调精、深和探索性，同时关注相关学科的覆盖面，而专业学位教育更多围绕构成相应的所需的知识体系来组织课程，其教学过程的实践依赖性尤其突出，教育活动都要以有关职业实践为基础。

实现从学术型向应用型的转变，是专业学位教育的自身特性所决定，也是检验其成功与否的关键因素。文物与博物馆专业硕士研究生教育要实现这一转变，应注意以下几个方面。

（1）文物部门和相关高等院校要在文物与博物馆专业硕士学位教育设置方面建立互动机制，使其更加具有实践性和针对性。学术型人才可以在高等院校、科研院所内部相对独立地进行培养，而专业学位教育必须坚持面向职业领域，坚持开放办学，才能培养适应社会需求的合格人才。文物行政部门、文物与博物馆机构要参与到文物与博物馆专业硕士研究生教育教学的各个环节。要以文物与博物馆工作的实际需求为基本依据，充分发挥文物管理和业务单位的专业优势，在招生计划、专业发展规划、专业布局、课程体系、评价标准、教材建设、专业实习、师资队伍等方面的指导作用，遵照应用型人才成长规律组织教育教学，不断提高这项人才培养事业的针对性和适应性。

（2）文物部门和相关高等院校要在文物与博物馆专业硕士研究生委托培养、补充经费方面建立互动机制，以保证这项事业的可持续性。文物系统的特点是队伍人数有限，专业门类比较庞杂。所以文物与博物馆专业硕士学位研究生教育不可能像经济领域如 MBA、会计等专业那样具有规模效益，按照目前应届本科毕业生入读文物与博物馆专业硕士比例过高而学费偏低的状况，很多高等院校开展这项工作在经费上难以持续。无论是从专业学位教育的自身特点出发还是从现实状况考虑，文物与博物馆专业硕士研究生教育都要达到以下要求才能实现健康发展：一是生源以文物系统委托的在职干部为主，逐渐降低本科生直读的比例；二是文物部门与高等院校合作办学，委托培养文物与博物馆专业硕士研究生，通过适当渠道向高等院校拨付委托培养经费；三是高等院校根据文物系统在职干部的实际情况，在入学分数线（尤其是外语考试）划定等方面创造有利于在职干部就读的条件。

（3）要突出高等院校传统学术特色，结合所在地域文化遗产事业的发展特点开展学位教育。同时要强调多学科集成，发展前沿型专业方向。人类的文明或文化的创造中，形成的文化形态异常复杂，而文物与博物馆工作范畴涉及包括古人类的生活、现代人的认知、现代的保护发展以及复兴的理念，涉及的学科点更多、学科面更为广阔。

（4）要探索建立“双证书”制度，实现学历证书与职业资格证书对接。可以考虑先期在文物保护工程勘察设计等已经建立行业资格管理制度的领域选择相关文物与博物馆专业硕士培养院系进行“双证书”试点。随着文物与博物馆工作资格资质管理的逐渐深入，文物与博物馆专业硕士教育实行双证书制度的领域也将逐渐扩大，从而加速文物与博物馆实际工作和文物与博物馆专业学位教育的整合，形成良性循环。

三、关于文物与博物馆专业硕士研究生教育的近期工作任务

（1）合理规划布局，适度发展。考虑到文物与博物馆工作队伍目前的规模等情况，要在总结第一批 28 所高等院校相关工作的基础

上，结合各地区文物工作的实际状况，制订科学合理的发展计划，用于指导下一批文物与博物馆专业硕士研究生教育的授权工作。

（2）继续做好基础研究，为文物与博物馆专业硕士学位教育的健康发展提供支撑。要规划一批相关课题，对文物与博物馆工作人才实际需求和发展趋势进行深入研究，为开展文物与博物馆专业硕士学位教育提供指导。

（3）对 2011 年入学的文物与博物馆专业硕士培养情况开展调研和评估，适时提出调整意见。

（4）加强指导委员会秘书处建设，在人员配备和工作经费上给予支持，使秘书处真正成为文物与博物馆行业和教育部门之间、人才需求和人才培养之间的理想交流平台，切实做好服务和指导工作。

尊敬的各位老师，文化遗产事业当前面临着难得的发展机遇，也为高等院校相关院系的学科建设和人才培养提供了广阔的发展空间。让我们共同努力，开拓创新，积极探索符合文物与博物馆事业发展需要的专业硕士学位研究生教育模式，为培养造就大批高素质、高层次的文物与博物馆应用型专门人才贡献力量。

关于实施文化遗产知识宣传普及工程的提案[①]

（2012 年 3 月）

目前，以国家保护为主，动员全社会共同参与的文化遗产保护新体制正在逐步形成，广大民众和海内外有关人士以多种形式参与文化遗产保护，使保护文化遗产的社会环境不断改善。随着我国广大民众精神文化需求的空前提高，文物作为中华民族五千年文明的精华和审美艺术、工艺技艺的结晶，成为民众精神文化生活中的重要内容。社会民众对于文物的关注不仅表现为传统的文物鉴赏、遗址参观和文物展览等行为，还表现为越来越多地参与到文物保护和利用工作中来。文化遗产保护志愿者组织方兴未艾；重大文物保护工程、专业考古工作等，都成为民众和媒体共同关心的对象。文物保护正在突破行业界限，全民参与文化遗产保护的时代正在到来。

近年来，全国文物系统本着依靠各级政府、推动宣传普及、注重社会效益、服务人民群众的理念，通过形式多样的宣传普及活动，取得了令人瞩目的成绩，探索出了文物知识宣传普及的一些有益经验。但是，从总体上看，目前文物知识宣传普及工作基础还比较薄弱，

① 此文为在全国政协十一届五次会议上的提案，联名提案人：龙瑞　杜滋龄　郭瓦加毛吉　姜昆　董良翚　夏燕月　侯露　王川平　张柏　詹祥生　范迪安　濮存昕　赵汝蘅　吴为山　席强　滕矢初　冯小宁　张平　陈醉　阿拉泰　张廷皓　宋春丽　陈立德　耿其昌　徐翔　张国勇　张会军　张艺谋　胡振民　刘秀荣　崔建华　刘宇一　徐庆平　杨春霞　阎维文　韩美林　覃志刚　雷元亮　金铁霖　宋雨桂。

社会大众对文化遗产保护普遍缺乏科学认识，公众接触到的文物知识与信息鱼龙混杂，一些充满常识性错误的文学作品和电视节目凭借满足公众猎奇心理的营销手段占据市场，使得公众对文物考古知识产生误读，对国家有关的法律法规产生曲解。

另一方面，一部分地方政府工作人员文物法制观念淡漠，法人违法、甚至造成文物破坏的事件时有发生，引起不良社会反响。从近年来发生的诸多热点事件来看，公众的关注已经明显地超出了对热点事件本身的质疑，而是对文物安全、文物管理、文物的公益性质等产生了疑问。根据零点研究咨询集团在全国范围内开展的“2011年中国文化遗产与公众生活调查报告”，公众认为文物领域最需改进的工作是打击文物走私、文物犯罪、文物市场管理和文物法律及知识的宣传普及四个方面。

今天，广大民众有参与文化遗产保护的良好愿望，文化遗产保护更需要社会公众的支持。许多珍贵文物的第一发现者和第一时间保护者就是普通民众。如果民众缺乏文化遗产保护意识和知识，没有采取基本的保护措施，它们可能无声无息地被破坏甚至毁灭。但是，与其他文化遗产大国相比，我国国民普遍缺乏文物保护法律法规和保护利用常识。《文物保护法》规定：“国家加强文物保护的宣传教育，增强全民文物保护的意识。”《文物保护法实施条例》规定：“文物行政主管部门和教育、科技、新闻出版、广播电视行政主管部门，应当做好文物保护的宣传教育工作。”2005年《国务院关于加强文化遗产保护的通知》要求：提高全社会的文物保护意识，到2015年，保护文化遗产深入人心，成为全社会的自觉行动。然而，这些要求和规定，到目前尚缺乏强有力的落实措施。

因此，切实推进文物法制和文物知识宣传普及，在公众心目中牢固树立文化遗产应有的尊严，推动文物科学保护利用的大众化、全民化，已经迫在眉睫。2011年发布的《国家文物博物馆事业“十二五”规划》中，已经将“文化遗产知识宣传普及工程”列为“十二五”期间重大工程项目。为落实该项目，国家文物局已经在山东兖州市、陕西蒲城县等启动了县域文化遗产知识宣传普及试点工作，2012年还将增设5个试点县，为开展全国性的文化遗产知识宣传普及工作探索经验。

为此，建议实施文化遗产知识宣传普及工程，设立文化遗产知识宣传普及专项资金，全面启动和开展全国性的文物知识宣传普及工程，掀起全方位、多角度、多层次宣传普及文物知识的热潮。通过文物知识进机关、进校园、进社区、进农村、进厂矿、进军营活动，出版推广优秀文化遗产科普读物，推进以县域为单位的文化遗产知识普及，以及借助互联网等新媒体扩大文物知识覆盖面等方法和措施，切实增强国民对文物保护重要性的认识和文物基本常识的认知，树立正确的文物价值观念，自觉参与文化遗产保护，为建设中华优秀传统文化传承体系，提升全民族的文化素养和文化创造力，奠定坚实的基础。

在山东大学文化遗产研究院成立暨考古学专业设立 40 周年纪念大会上的讲话

（2012 年 5 月 5 日）

最近，我卸任了担任了十年的国家文物局局长职务，感到终于可以安静地专注于故宫的文化遗产保护和故宫博物院的建设。但是，问题并不这样简单，随之而来的是来自各高等院校、科研机构的任职邀请。我在努力回避。但是不能回避的却是山东大学的聘任。这不仅仅是因为山东大学有着悠久而厚重的历史，也不仅仅是因为山东大学有着超级规模和影响，关键是山东大学有着良好的学风，有着对人对事不可抗拒的一份真诚。我记得这是第三次从校长手中接过聘任书，第一次是 2008 年 12 月的博士研究生合作指导教师聘书，第二次是 2010 年 4 月的考古学及博物馆学专业兼职博士生指导教师聘书，而此次是新成立的文化遗产研究院名誉院长聘书，这让我感到肩上已经不轻的担子更加重了。感谢山东大学各位老师和同学的信任，我很高兴成为大家中间的一员。

众所周知，齐鲁大地人杰地灵，保存在地上地下以及水下的、物质的与非物质的文化遗产资源极为丰富。山东大学地处齐鲁之邦，凭借着丰富的人文资源，在 110 多年的办学过程中形成了“文史见长”的特色。山东大学的考古学科起步早，是我国考古学科的重要摇篮，在考古文博学界一直发挥着重要影响。山东大学始终把培养优秀的考古文博人才作为基础性工作，强调考古实践的基本功训练，并因此赢得学界的广泛认可。

参加山东大学文化遗产研究院成立暨考古学专业设立40周年纪念活动

近年来，山东大学发挥综合型大学和国际交流领先的优势，积极探索学科交叉与融合，在保持学科人文导向的同时，发展起新兴的学科领域与研究方向，在聚落考古、植物考古、动物考古、环境考古等方面形成了自己的特色，在诸多领域处于全国领先地位，并产生了较大的影响。山东大学还依靠师生们的考古收获，办起了一个具有高水平陈列的大学博物馆，在为教学服务的同时，还成为展示学校深厚历史与文化底蕴的窗口。昨天我还了解到山东大学的民俗学与考古学一样，也是优势学科，在非物质文化遗产研究领域取得了优异成就。

今天，山东大学智慧决策，整合考古学、民俗学科的力量，成立了山东大学文化遗产研究院，吸引社会各界力量，协同创新，更好地为国家、尤其是为山东省的文化遗产事业服务。我相信，在学校和社会各界的共同努力下，山东大学文化遗产研究院一定能够办成高水平的文化遗产研究院。

刚才，樊丽明副校长介绍了我在故宫博物院的工作。实际上我刚刚到故宫博物院工作不久，对这座博大精深的文化宝库还仅仅只有初步体会。但是，最近所了解到的一项文物保护工程给我留下深刻印象，这就是故宫乾隆花园倦勤斋的修缮工程。这项修缮工程从本世纪初开始，历经10年时间得以竣工，而通过这一项文物保护工程，故宫获得了与以往文物建筑修缮工程不一样的宝贵经验。

乾隆花园位于故宫东北隅的宁寿宫区域，占地不足故宫的百分之一，但是名气很大。主要因为这里是乾隆皇帝作为太上皇而建造的宫殿中花园部分，凝聚了江南园林造园艺术精华，同时拥有清代宫廷历史上最出色的室内装饰设计，从中可以窥见清代繁盛时期一代帝王的审美情趣与精神追求，具有深刻的文化内涵。而园中最精彩之处莫过于花园北端的倦勤斋。“倦勤”一词出自《尚书》，意指帝王因年老不胜政事辛劳，欲让位给后代贤者。在红墙掩映的皇宫深处，在历史尘封的倦勤斋内部，散发着不可思议的文化魅力。室内空间被巧妙分隔，建有二层仙楼和一座微型戏台，以竹黄、镶嵌、双面绣等当时流行于南方的工艺装饰，营造出北方建筑内的南方庭院环境，尤其令人叹为观止的是室内顶部以藤萝架和庭院景观为主题的巨幅通景画，凡所绘景致无不栩栩如生，令观者为之称奇。

对倦勤斋的保护性修复始自2002年，通过与美国世界文物建筑保护基金会的合作，经过一年的详细调研和周密准备，保护工程正式启动。这是故宫博物院成立以来首次大规模对室内装饰装修进行的保护工程。为了保证保护工程的科学性，首先组建了多学科的保护修缮专家工作团队，除了故宫博物院富有丰富宫廷建设修缮技术的专家以外，还包括来自美国、欧洲等地高等院校、科研机构的专家学者，研究领域包括历史、考古、博物馆、科技保护等方面，随着保护工程的深入，还有其他所需领域的专家加入。

倦勤斋保护修缮工程之初，对于文物建筑进行了详细的测绘和勘察。不但对于文物建筑的历史沿革，室内装饰装修的保护状况，以及任何文化信息遗存进行详细挖掘与记录，而且对于材料来源、工艺特点等方面进行了大量深入研究。由于倦勤斋室内装饰装修在技术工艺与材料方面具有空前绝后的复杂性，使得这一保护项目极具挑战性和开创性。因此修缮工程始终伴随着科学研究工作，始终伴随着跨学科、跨行业的联合攻关，始终伴随新的尝试和探索，为此专家团队付出了艰苦卓绝的努力。其中最为引人注目的是保护修缮工程中对于传统工艺、传统技能等非物质遗产的保护与传承。与保护修缮工程同时进行的工作，还包括自始至终准确的资料记录和影像摄制，努力为保护修缮工程留下宝贵资料。

故宫倦勤斋保护修缮工程说明，今天文化遗产保护应倡导国际合作，应倡导多学科参与，应倡导科学研究。这些都是山东大学文化遗产研究院成立之初的正确理念，也都是今天文化遗产保护的正确方向。特别是文化遗产保护中对于物质与非物质文化遗产的综合保护更加展示出广阔的发展前景。

祝山东大学文化遗产研究院茁壮成长，为我国文化遗产事业作出杰出贡献。

在北京工业大学故宫学文化节名家讲坛上的讲话

（2012 年 5 月 24 日）

去年 11 月 22 日下午，在北京工业大学逸夫图书馆报告厅，郑欣淼院长代表我院与郭广生校长签订了《北京工业大学—故宫博物院合作协议》，院校双方充分发挥各自的研究特色，协同创新，在科学研究、人才培养、实习基地、学术交流等方面开展全面合作，在科技手段保护中实现优势互补，以推动教育发展，提高文物保护水平。

参加“北京工业大学故宫学文化节名家讲坛”活动

半年来，我院与北京工业大学开展了系列合作活动，主要成果之一即为“北京工业大学故宫学文化节名家讲坛”。我院 18 名知名专家、学者来到北京工业大学，为全校师生代表就文化遗产保护，文物修复，书法、绘画、宫廷生活、家具、玉器鉴定等知识开展一系列讲座，旨在弘扬故宫传统文化，提高工科学生的人文修养。讲座场场爆满，在校内外引起了强烈的轰动。文化节期间，1000余名工大师生来到故宫进行实地考察，亲身体验并学习祖国优秀文化遗产，激发了他们工作和学习动力，提升了他们爱国热情，同时也推进了我院与北京工业大学的合作与交流。

半年来，我院首批6名专家已经或即将成为北京工业大学的兼职导师。他们将在古建筑修复、可移动文物化学保护、古代书画鉴定与修复等文物保护领域与北京工业大学教授协力合作，联合培养高层次人才，以实现为故宫文化遗产保护服务、为北京市人才培养服务的目标。

现在，经院校双方领导诚意沟通，“北工大—故宫文化遗产保护中心”即将成立，筹备方案已基本完成。本中心旨在增强我院在理工科方面的技术力量，希望通过与北京工业大学专家联合开展对我院文物科技保护、解决重大工程难点问题、并举行工科专业学术研究等一系列活动，来实现我院文化遗产保护的全方位性，从而在工科人才培养、科技攻关、学术交流等方面推动我院的发展和进步。

今天，应郭广生校长邀请，我们再次相聚在北京工业大学逸夫图书馆报告厅，我才有此机会向各位老师、各位同学作题为《城市文化建设与文化遗产保护》的学术讲座，与大家就文物保护事业面临的重点和难点问题共同进行探讨和交流。在此，我谨代表故宫博物院，向今天到场的各位领导和来宾表示衷心感谢！

最后，我们相信，在合作双方真诚、积极的努力下，我们的校院合作一定会取得圆满成功。祝各位老师和同学们愉快地度过这个下午，并对我们的工作给予更多的支持和帮助！

在会见香港城市大学中国文化中心郑培凯教授时的讲话

（2012 年 6 月 1 日）

欢迎郑培凯教授来故宫博物院考察，并对您为促成“走进故宫——观察明清帝王的生活”系列讲座项目在香港城市大学中国文化中心实施所作出的努力，以及故宫博物院学者赴香港讲座期间给予的关照表示感谢。

故宫博物院一贯重视与香港地区高等院校开展交流与合作。与高等学府的合作能够更好地发挥故宫作为博物馆对公民进行文化传播和终身教育的职能。故宫既是博物馆也是文化遗产，文化身份极其特殊。故宫不论文物藏品还是文化资源都极其丰厚且弥足珍贵，承载着中华民族辉煌的历史与文明，堪称文化典范。故宫过去虽然叫做紫禁城，但是故宫的大门是敞开的，一方面要请进来，即请公众进到故宫博物院感受中国的历史文化，另一方面也要走出去，主动到社会上传播。

在您提议下，从 2011 年初故宫博物院和香港城市大学中国文化中心双方开始合作举办“走进故宫——观察明清帝王的生活”系列讲座。故宫博物院专家学者计划在 3 年半的时间里分 7 批赴香港城市大学中国文化中心进行讲座，每批 2 位专家。2011 年 6 月首批学者赴香港举办了讲座，2012 年 2 月第二批学者赴香港，2012 年 7 月 3 日至 10 日故宫博物院将有第三批学者赴港。目前，故宫博物院与香港城市大学中国文化中心就这一项目已经达成一致，正在准备签署协议。通过这个活动，让故宫博物院的专家学者走出去，从各自的研究领域出发，以不同视角向香港城市大学的听众讲述故宫的历史和文化，相信这些讲座必将有助于增进香港地区学生对于祖国文化的全面了解。此类讲座交流也为故宫博物院与香港地区其他高等院校的合作打下基础。

香港城市大学中国文化中心讲座

目前，故宫博物院和香港康乐及文化事务署交流频繁，双方将签署框架合作协议，在未来几年内就互办展览、人员交流、学术研究等方面展开全面合作。今年 6 月至 10 月，故宫博物院的《颐养谢尘喧——乾隆皇帝的秘密花园》展将在香港艺术馆举办。6 月 18 日—22 日，我将赴香港出席该展开幕式，也将受邀在贵中心发表讲演，题目拟定为："故宫博物院的文化守望与追求"。故宫博物院期待着与贵中心在学术研究领域展开多层次的合作。

另外，故宫博物院还是文化部"港澳大学生内地实践活动"的接收单位，每年 6 月—7 月都有港澳地区大学生来故宫博物院进行为期 1 个半月的实习，其中就有香港城市大学的学生。

在故宫学高校教师讲习班开班仪式上的发言

（2012年7月21日）

“故宫学”这个学术概念是郑欣淼院长2003年提出以来，得到了学界热烈的响应。为了切实推进故宫学研究，故宫博物院成立了故宫学研究所这个实体性学术研究机构，现有成员9位，其中8位是博士或在读博士，是我院机构中人员学历最高的一个部门。研究所成立的时间不长，但对自己的定位有着比较明确的认识，他们在自身努力做好学问的同时，也给这个机构定了一个更高远的目标，要把故宫学的种子播撒到全国各地，播撒到世界各地；并希望通过几年的努力，争取在教育部的学科目录中列上“故宫学”。研究所是这么规划的，也是这么努力在做的。一年多时间里，研究所在搭建平台、组建队伍、制订规划方面做了一些很实在的工作。尤其在与高校联手进行学科建设方面开拓了一片领域，已经有不少高校老师参与故宫学研究，为故宫学研究增加了生力军，而且今年已经有三所高校招收了故宫学方向的研究生。故宫学在高校的发展超过我们的预期。

办“故宫学高校教师讲习班”，请老师们到故宫博物院来，尽可能地向他们开放故宫，让他们更多地了解故宫，是为了使故宫学能在高校生根开花的好举措。今年年初我到各部门去调研时，听了宏伟办“故宫学高校教师讲习班”的设想，立即觉得这是件大好事，应该支持。当时宏伟可能是不好意思向我开口要经费，我当场给估算了一下，大概 20 来万元差不多。研究所把讲习班的开展工作做得很扎实，邀请了你们这些实力派来参加讲习班。你们能来，首先说明大家有眼光，故宫确实值得大家来研究。故宫也肯定不会让大家失望，只要去做，一定会结出丰硕的成果。

在此，我代表故宫博物院对各位学员的到来，并对你们愿意了解故宫、研究故宫和推广故宫付出时间和精力表示感谢。你们的学识将是推动故宫博物院学术科研发展的促进力量，你们的学术号召力将为故宫文化在高校的播种迈出关键的一步。

故宫是一本百科全书，其内容包罗万象、博大精深。这个讲习班以故宫学为主线，内容涉及故宫保护、故宫建筑、故宫藏品、故宫博物院对外交流等等，可谓是一场丰富的故宫知识盛宴。讲习班邀请我院“国宝级”的专家学者，耿宝昌、杨伯达、郑珉中等先生都为故宫倾注了毕生的精力，能够聆听他们亲述治学之道和学术论点，实属难得可贵。

在座的各位都来自于全国各名牌大学的教学一线，而且是所在学校的骨干教师。学员中有一半是教授，还有多位博导、院系所领导。我想说的是，在这里，你们的身份不仅是“学者”，也是最真实故宫的体味者；讲习班的形式也不仅是“授课”，而且是彼此交流切磋，是各种学术见地摩擦碰撞的场地。我期望，你们能通过此次讲习班取得丰富的收获；然后将收获和感想从故宫带回学校，带给广大的在校师生们。我也希望，以此讲习班为契机，加强故宫科学保护研究与高校的交流合作，共同推进故宫博物院学术发展和文化传播的步伐。

在同济大学建筑与城市遗产学术论坛暨“历史建筑保护工程”专业创立十周年庆典上的讲话

（2013 年 6 月 6 日）

与悠久的人类文明史相比，真正意义上的文化遗产保护历史只是短暂的一瞬。但是纵观这一充满艰难和曲折的保护历程，人们可以从中发现鲜明的发展趋势，那就是随着时代的发展，保护内涵越来越宽广，保护范围越来越广泛，保护内容越来越丰富，保护与社会生活的关联度越来越高。人类社会通过不断摸索、不断探求、不断前进，将文化遗产保护事业扩展到了一个又一个领域，推向了一个接一个高潮。文化遗产在社会领域所具有的特殊性，也日益受到国际社会的高度重视。

同济大学顾问教授授证仪式暨学术报告会

20世纪60年代以来，随着国际范围内建筑与城市遗产保护思想、纲领和实践的不断发展，形成了一个跨建筑、规划、景观、土木、材料、测量等学科的高度综合性专业领域，对推进人类文化遗产保护事业意义重大，并影响到了建筑与城乡规划的基础教育。其中，历史建筑保护作为重头，在欧美建筑院系早已成为了一个相对独立的新兴建筑学专业分支。我国作为建筑遗产资源极其丰富的文明古国，非常有必要弥补该领域专业教育和人才培养方面的不足，以适应城乡建设中日益增长的对此类专门人才的迫切需求。

同时，建筑遗产的概念自20世纪60年代以来已经扩展到所有不可移动的有形人类文明结晶，既扩展到历史街区，也扩展到历史城镇、历史乡村与历史景观；既涵盖有形对象，也扩展到与之紧密关联、富含无形传统的文化景观与文化空间，文物概念正在有力地走向广义的文化遗产概念；保护和再生也开始紧密结合起来，成为了显性的普遍议题，成为了社会发展的重要动力。在这个背景下，建筑遗产保护与再生不仅成为20世纪以来建筑学与城乡规划学的重要领域，也正在成为各个建筑院校新兴的重要教学领域。

自20世纪末以来，同济大学建筑与城市规划学院以遗产历史与理论学科长时期的遗产研究积累为基础，以多学科的交叉互动为支撑，以瞻前顾后、存真续新的保护思想为境界，以国际同领域的高层次交流与对话为背景，经过多年来的不懈努力和持续建设，已经形成了建筑与城乡遗产学科的完整架构，并在2003年经国家教育部批准，在同济大学创立了我国建筑院系中第一个“历史建筑保护工程”本科专业。迄今已培养160余位毕业生，受到用人单位及国内外深造院校的普遍好评。2010年该专业入选国家特色专业。

历史建筑保护工程专业开办10年来，以院系雄厚的教学资源为依托，以长期的遗产专题研究为底蕴，通过引进专精的师资力量，建设多门核心课程，与国内外名校保护专业建立长效交流机制，承担了多项国家级课题，创建国内建筑院校第一个保护技术实验室，获得了许多国际和国内保护与再生重要奖项，初步形成了适应国情、接轨国际的建筑遗产教育体系和教学模式。这些成绩受到了国内外保护界的瞩目，走在了国内该领域的前沿。

自我国 2006 年设立文化遗产日以来，我们即将迎来第 8 个文化遗产日，恰逢同济大学历史建筑保护工程专业成立十周年的特殊日子，这也表明同济的建筑遗产保护教育和我国的文化遗产保护发展有着紧密的互动关系。在这个特殊的日子里，通过大型专题展的形式回顾学科发展历程，对总结经验、努力使得建筑遗产保护成为一门独立的学科领域有着重要的意义。我相信在各方面的真诚投入和协作下，同济大学的建筑与城乡遗产保护与再生事业，历史建筑保护工程专业定会有更加光明的未来！

在全国文物与博物馆专业学位研究生教育指导委员会暨培养单位2013年年会上的讲话

（2013年10月19日）

今天，我们在故宫博物院召开全国文物与博物馆专业学位研究生教育指导委员会暨培养单位2013年年会。这个会议规模不大但却有重要意义，因为这次会议将研讨我国应用型文物与博物馆人才培养以及实现我国文物博物馆可持续发展的重大问题。我谨代表故宫博物院和全国文物与博物馆专业学位研究生教育指导委员会，向今天到会的国家文物局领导、国务院学位办领导、各位委员以及29个培养单位的老师代表，表示热烈的欢迎！

文物与博物馆专业学位教育刚刚起步。国家于2010年批准新增了这一专业学位，次年国务院学位委员会又批准成立了全国文物与博物馆专业学位研究生教育指导委员会。近三年来，按照教育部的工作部署，陈红京秘书长领导的指导委员会秘书处开展了卓有成效的工作。今年，秘书处在广泛调研、征求培养单位和用人单位意见的基础上，组织专家研拟了《文物与博物馆硕士学位基本要求（征求意见稿）》，并对2011年印发的《文物与博物馆硕士专业学位研究生指导性培养方案（试行）》进行了修订，这两份文件也是本次会议提交大家研讨的主要内容。

去年，国家批准内蒙古赤峰学院招收文物与博物馆专业硕士，截至目前，共有29个招生培养单位。据不完全统计，2013年共招收 437 名学生，其中在职生 61 人。招生总数比 2011 年的首届招生数 258 人几乎翻了一倍，但是在职生数量变化不大（2011 年在职生 50 人）。各个培养单位的招生情况差别很大，2013 年招生数量最多的单位有 45 人，最少的才 4 人；在职生比例最高的单位高达 40%，但大多数单位由于招生政策等原因没有招到在职生；每年的学费有 10 万元、2 万元、1 万元、8 千元等，还有很多学校是不收学费的。今年 7 月，首届文物与博物馆硕士生顺利毕业，走上了工作岗位。从就业情况来看，大多数学生都进入博物馆、考古所、文物保护中心等文物博物馆单位工作,也有学生进入其他国有企事业单位工作，但也有小部分学生转行。

我们这次年会，目的是总结前一阶段的工作，促进各培养单位之间进行经验交流，探讨如何构建文物与博物馆专业硕士培养单位和用人单位之间的沟通平台，把握形势、统一思想、明确任务，为下一阶段的文物与博物馆专业硕士培养工作打下良好的基础。作为教育指导委员会的主任委员，我也谈几点个人意见。

一、认清形势，更加重视文物与博物馆专业硕士培养工作

目前，我国专业学位研究生教育发展速度快，人才培养结构调整力度大，研究生专业学位类别丰富。开展专业学位研究生教育，大力推进研究生教育结构调整，大力发展专业学位研究生教育，是硕士研究生教育发展理念的重大转变，也是为了适应国家经济社会发展对高层次应用型专门人才的迫切需要，为了适应产业结构调整和经济发展方式转变的要求，为了适应新科技革命和发展战略性新兴产业的要求。

开展文物与博物馆专业硕士教育，是贯彻落实《国家中长期教

育改革和发展纲要（2010—2020年）》的需要，是改善我国文物博物馆行业工作队伍的现实需要，同时也是实现我国文化遗产事业持续健康发展的需要。

1. 开展文物与博物馆专业硕士教育，有利于改善我国文物博物馆行业工作队伍现状，给文物博物馆行业注入新鲜血液。

我国文物博物馆行业从业人员专业结构过于单一，大多人员是考古学教育背景。随着我国文物博物馆事业的快速发展，博物馆数量和类型逐渐增多，文物保护与修复压力巨大，考古工作也由传统的田野发掘转变为多学科参与的新型考古。所有这些发展变化都需要有更多、更好的专业技术人才，但是我们的人才培养却稍嫌落后。况且，文物博物馆行业的业务工作注重实践性，传统的学术型高等教育难以满足需要，而职业教育以及更高层次的专业硕士教育则为培养能够胜任这些工作的专门人才创造了条件。

2. 开展文物与博物馆专业硕士教育，有利于实现我国文化遗产事业的持续健康发展。

高层次人才，特别是应用型的高层次专业人才短缺，是阻碍我国文化遗产事业发展的瓶颈。可以说文物与博物馆硕士专业学位的设立，适应了我国文化遗产事业发展的实际需要，体现了国家对文化遗产事业的关心和支持，为培养能够胜任文化遗产事业的高层次应用型人才创造了条件，也为实现我国文化遗产事业可持续发展提供了保障。

二、抓住特点，有效地进行文物与博物馆应用人才培养工作

1. 抓住专硕特点，培养应用人才

专业硕士重在知识、技术的应用能力，重在事理的学习和研究，

重在解决社会部门的现实问题。也就是说，专业硕士最大的特点就是较少关注“是什么”和“为什么”，而更关注“做什么”和“怎么做”。建立健全校内外双导师制，以校内导师指导为主，校外导师参与实践过程、项目研究、课程教学与毕业论文等多个环节的指导工作,让有丰富实践经验的行业导师帮助培养会做事的有用学生。

由于文物博物馆行业自身的特点，行业内一直都有“师傅带徒弟”的“传帮带”传统，即以老带幼、以旧带新、互助互动，这在文物鉴定等方向上尤为明显。事实证明，这种做法是很有成效的，要想学得真功夫，就得靠师傅手把手地教。各个高等院校最好都能给专业硕士找一位行业师傅，并且学生最好可以到师傅所在的博物馆、文物保护中心等单位去，结合实际操作，进行一对一实战教学。我相信这样训练出来的专业硕士，一定会受到用人单位的青睐。

2. 结合地域特色，培养有用人才

各高等院校要突出自己的传统学术特色，并且立足当地，结合所在地地域文化遗产事业的发展特点，开设特色专业方向，有针对性地开展学位教育。而且要强调多学科集成，发展前沿型专业方向。一方面，这些特色方向、前沿方向是国家和当地急需的，培养这方面的人才有利于全国文化遗产事业的发展；另一方面，也有利于学生就业，到时候学习这些专业的学生都成了“香饽饽”，何愁找不着好工作？

就目前来看，各高等院校在这点上已经做了很多工作。目前除了传统的考古学、博物馆学、文物保护、文物鉴定这些方向，还出现了故宫学、民族文物与文化遗产、文物产业经营与策划等方向，浙江大学更是拓展思路，依托与中国科学技术协会的合作平台，设立了科普方向，培养科普教育人才、科普产品创意与设计人才、科普传媒人才。今后各高等院校应该更加贴近市场，立足当地，把握前沿,瞄准行业急需要什么样的人才,进而培养出行业抢着要的人才。

三、争取政策，加强沟通，寻求多方面的更大支持

文物与博物馆专业硕士培养工作的开展离不开教育部门、行业主管部门，以及高等院校的大力支持。各高等院校应该积极主动，加强沟通，寻求多方面的协助与支持。

1. 争取教育主管部门和行业主管部门的有利政策

目前，招不到在职生是很多高等院校所苦恼的问题，而绝大多数的应届生生源也给培养工作带来了很多困难。我们应该多方面努力，与教育部等主管部门沟通，争取有利政策。据我所知，陈红京秘书长应国务院学位办的要求，正在组织撰写《文物与博物馆专业硕士培养模式改革研究报告》，其中最重要的一点就是对招考制度与方式进行有利于在职生源的改革。

同时，我们也应该争取国家文物局和各省市文物主管部门的支持，探索建立“双证书”制度，实现学历证书与行业资格证书对接。如果所有的方向对接起来尚有困难，那么可以先行在文物保护与修复、文物鉴定等方向试行。

2. 争取文物博物馆行业部门和学校的大力支持

我们的“双导师制”自然离不开行业的大力支持，不然怎么有行业导师？高等院校也应该让博物馆、考古研究等单位了解，高等院校是在为它们培养人才，双方是互惠互利的关系，应该积极协作，实现共赢。

各高等院校对具体的培养院系的政策也不相同，有的学校将90% 的费用下拨到院系作为培养经费，而有的学校却只下拨 40%，

有的学校还是不收学费的，这样一来，承担具体培养工作的院系经费不足，苦不堪言。类似这样的问题，各院系都应该积极与学校层面进行沟通，争取学校的最大支持。

尊敬的各位老师，我国文化遗产事业发展迅速，目前也面临着难得的发展机遇，这为高等院校相关院系的学科建设和人才培养提供了广阔的发展空间。让我们再接再厉，继续做好文物与博物馆专业硕士培养工作，为培养造就大批高素质、高层次的文物与博物馆实用型、复合型人才贡献力量。

关于加快文化遗产保护人才培养的提案[①]

（2014 年）

近年来，我国经过全国文物普查纳入保护的文物总数成倍增长，各级文物保护单位不断增加，各类博物馆数量以每年 200 座左右的速度增长，而文物博物馆专业人员却没有得到相应的增加。现有文物博物馆队伍无论是人才总量，还是总体素质、能力，都难以适应文化遗产事业快速发展的要求。因此，新的发展、新的形势，对各类文化遗产保护人才的需求，特别是从业人员专业素质的要求更加迫切。

当前文化遗产保护人才队伍建设中存在一些突出问题，一是人才总量明显不足，素质相对偏低。文物博物馆行业是一个从事保护、科研、展示、宣传和公共服务的知识密集型领域，不仅涉及人文社会科学、自然科学等多个学科、多个领域，而且需要多学科交叉和科技支撑，不仅需要顶尖的专业人才、学术人才，而且需要复合型的管理人才、科技人才。而现实情况是，目前全国文物系统现有从业人员共 11.1 万人，其中专业技术人员 3.7 万人，仅占从业人员总数的 33%。由此可见，文化遗产保护人才队伍与保护任务很不相称，已成为严重制约文物事业发展的瓶颈问题。

二是文物博物馆单位中高、中级专业技术岗位的设置比例明显

① 此文为在全国政协十二届二次会议上的提案。

偏低。目前全国文物系统专业技术人员中具有高级职称的有6100人，占从业人员总数的5.5%；具有中级职称的有15000人，占从业人员总数的13.5%。高等院校现行高、中、初级专业技术岗位比例控制目标为5∶4∶1，文物博物馆单位却为1∶3∶6。政策上的差异，很大程度上制约了文物博物馆单位高级专业人员的引入和使用，也遏制了高端人才的储备与提高。

三是文物博物馆人才结构不尽合理。复合型人才匮乏，领军人才凤毛麟角，应用型、技能型人才严重不足，特别是文物保护规划设计、文物保护与修复、文物鉴定、展览策划、社会教育、文化传播、信息技术等方面人才更为急缺。以可移动文物为例，全国现有文物收藏单位馆藏文物3000万件（套），其中半数以上需要进行及时修复，而全国具备修复技能的专业人才仅2000人左右，以每人年均修复50件计，至少需要150年，况且文物保护修复是科学细致的工作，不能因追求数量，而放松质量。

目前，文物博物馆专业教育与实际需求不相适应，职业技术人才成长渠道不畅。一是随着文物事业的快速发展，文物博物馆单位对多学科复合型、文物保护修复技能型人才、信息技术应用型人才、综合管理型人才的需求急剧增长，原有的高等教育模式与实际需求脱节。突出表现为在教学内容上重理论、轻实践；在专业设置和学科建设上，相对单一，门类趋同，文物博物馆专业人才培养对文物事业发展的新需求反应滞后。因此，全国各类院校文物博物馆专业毕业生中，进入文物系统从业的比例较小。二是我国文物博物馆职业技术教育尚处于起步阶段，考古发掘人员、文物保护修复人员、古建修缮人员等相关职业技术种类尚未纳入国家职业资格体系，从业人员职称、待遇得不到应有的保障，严重制约了职业技术人才的培养和使用。

同时，文物博物馆人才队伍建设体制机制亟待改革创新。一是现行政策和体制下，事业单位政事不分、事企不分，机制不活，严重影响了文物博物馆人才的引进、使用和成长。行政管控过死过细，文物博物馆单位内部决策机制、执行机制及监督机制行政化，缺乏自主权和发展活力，已严重影响了文物博物馆单位人才的引进和使用。高端人才、紧缺人才引进困难已成为文物博物馆单位的普遍现象。二是缺乏有效的绩效考评和激励机制，优秀人才、拔尖人才难以脱颖而出。许多文物博物馆单位反映，职称和待遇不到位，绩效不挂钩或者挂钩不到位，使得文物博物馆单位人才流失严重，特别是优秀人才流失加快。三是由于缺乏有效的政策支撑，社会上具有相应资质的规划、建筑、监理、咨询、展览、信息技术、文化产业等企事业单位进入文物博物馆系统十分有限，大量社会优秀人才难以为文物博物馆事业发展发挥作用。

总之，认识上的偏差，政策上的缺失，体制上的僵化，所造成的专业技术人才短缺，不仅是文物博物馆人才队伍建设中最紧迫、最突出的问题，而且成为制约文物事业长远发展的基础性、瓶颈性问题。

为此建议：

一是结合我国文化遗产保护人才队伍实际，加快推进专业岗位设置和职业资格制度改革,优化文物博物馆单位专业人才队伍结构。在有关文化体制改革与事业单位分类改革中，应将文物博物馆单位作为科研教育机构，比照高等院校、科研院所的相关政策，分类推进文物博物馆单位改革，优化人员结构，提高文物博物馆单位的科研能力和科研水平。

二是建议人力资源和社会保障部门依据文物博物馆单位属性，重新核定公布岗位设置管理办法，提高专业人员岗位中的高、中级专业技术岗位比例。尽快制定考古发掘人员、文物保护修复人员、古建筑修缮人员等纳入国家职业技术资格体系的办法，建立文物博物馆职业资格制度。积极探索以重点文物保护项目为平台、以紧迫需求为导向、遵循符合文物博物馆人才成长规律的用人机制，开辟人才成长渠道。

三是建议教育部门完善各类院校文物博物馆人才培养体系，建设符合文物博物馆工作实际需要的专业技术人才培养平台。通过完善专业设置，优化课程体系，创新教学计划和方案，拓宽实习、实践渠道，推动高等教育与文物博物馆工作紧密结合。同时，加强对高职院校文物博物馆相关专业的支持和引导，完善布局，为文物博物馆单位培养大批合格的技能型人才。

四是建议国家文物行政部门立足文物系统实际和人才需求情况，研究制定文物博物馆专业人才培养规划，进一步加大资金投入力度,强化师资队伍,健全适合文物博物馆专业人才培养的教材体系，扩大专业人才培训规模，提高各类专业培训质量，解决紧缺人才和特殊人才需求，全面提升文物博物馆系统人才队伍整体素质。